십대를위한
실패 수업

실패를 이겨내고 세상을 바꾼 위인들의 인생 수업

십 대를 위한
실패 수업
사회 · 정치 · 스포츠 편

루크 레이놀즈 지음
정화진 옮김

청어람 e))

내 아들

타일러, 벤자민,

그리고 조슈아에게

강함은 친절이다 – 친절해라

부드러움이 용기다 – 용감해라

인내가 희망이다 – 희망을 가져라

목차

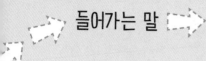

들어가는 말

실제 이야기:

내가 중학교 1학년일 때 1년 중 가장 끔찍하고 위험한, 그야말로 최악의 날이 찾아왔다. 체육 선생님이 우리 모두에게 1,600미터 달리기를 시켰고, 나는 제일 늦은 기록으로 꼴찌를 했다.

개교 이래 최저기록이었다.

나는 운동이 아닌 비디오게임에 뛰어났고, 손안에 돈이 들어올 때마다 한 푼도 안 남기고 사탕을 샀다(오우, 예!). 그리고 학교에서는 잘하는 게 거의 없었다.

더 깊은 실제 이야기:

나는 가게에서 물건도 많이 훔쳤다.

한 줄 요약:

25년 전인 중학교 1학년 때 나는 뚱보에 사탕 중독인 좀도둑이었다.

중학교 1학년 때 모자라고 불량했던 학창시절을 보낸 사람이 쓴 위인들의 이야기를 왜 읽어야 하는지, 독자들에겐 이해가 잘 안 될지도 모른다. 사실은 나라도 그렇게 쓰인 이 책을 읽을 수 있을지 의심이 들기 시작한다. 진심으로.

하지만 잠깐! 실패를 많이 겪어본 나 같은 사람에게서 이야기를 듣는 점이 이 책의 핵심이다. 쭉 읽으시길! 진심이다! 끝까지 읽으시길.

좋아. 여러분이 아직 읽고 있어서 기쁘다. 내 삶의 2막을 들려줘야 하기 때문이다.

중학교 2학년이 되었을 때 제일 큰형의 도움으로 세상을 달리 보기 시작했다. 내가 천 가지의 실수를 범했다면, 천 가지의 변화 또한 이룰 수 있었다. 여러분처럼 내 삶도 진정한 내 모습을 찾아가기 시작했고, 조금이라도 더 완벽한 사람이 되려고 노력하기 시작한 것이다.

하지만 진정한 자신을 찾는 길은 수많은 실수를 하는 것이다. 실패하는 것. 실수하는 것(때로는 무수히).

실수하거나 거부당했을 때, 즉 실패했을 때 기분이 좋을 리는 없다. 무언가를 시도했다가 실패했을 때, 그리고 아무리 노력해도 결과를 바꿀 수 없을 때, 여러분은 큰 포도잼 병 속에 빠진 듯 끈적끈적한 불쾌함을 느낄 것이다. 게다가 그 잼은 여러분의 귀와 콧구멍 안으로 파고들어 평온함을 찾는 여러분의 모든 감각을 파괴할 것이다. 실패가 여러분을 그렇게 만든다는 걸 내가 어떻게 아느냐고? 글쎄….

나는 오랫동안 백여 명의 중학교 1학년 학생들과 종일 어울려왔다. 나는 중학교 1학년 학생들에게 영어를 가르치기 위해 교단으로 돌아왔는데, 나의 학생 중 다수가 내가 중학교 1학년이었을 때 가졌던 것과 정반대의 문제와 씨름하고 있었다. 학교생활을 완전히 엉망으로 하는 대신에 그들은 모든 걸 잘하고 싶어 했다. 수업시간에 빈둥거리지 않고 모든 과목에서 A를 받으려 한다. 그들 중 많은 친구가 1,600미터를 달렸을 때, 예전의 내 기록보다 압도적으로 빠르게 달린다. 내 학생 중 많은 수가 여러 종목의 운동을 소화하고, 예의 바른 말들을 모두 알고 있고, 어른들에게나 가능할 목표치와 기준에 도달하려고 애쓴다.

물론 그런 것들이 훌륭할 수도 있다. 그런 목표를 이루고자 하는 자체가.

하지만! 이 '하지만'은 굉장히 강렬한 것이다. 마치 대화에 쐐기를 박고자 할 때, '내 반론에 귀 기울여!'라고 외치는 것처럼. 인간으로서 우리의 본모습을 찾는 데는 몇 번의 실패를 경험하는 것이 필요하다. 노력하고, 실패하고, 위험도 감수하는 것의 의미를 알 필요가 있다. 실패하지만 그 실패가 우리에게 올바른 방향을 알려 준다는 것을 깨닫게 된다. 어디서 잘못한 건지를 알 수 있기 때문이다. 무엇이 유용하고 무엇이 소용없는지도 알게 된다. 여러분이 아무리 뛰어나도 몇 번의 실수는 피할 수 없다. 누구도 예외는 없다. 실수란 숨 쉬고, 밥 먹고, 잠자고, 그리고 사탕 먹는 것처럼 삶의 일부이기 때문이다(내가 마지막에 사탕을 추가한 건 여러분이 아직 내 글을 읽고 있는지 확인하고 싶어서다).

그런데 실패란 무엇일까? 웹스터 사전을 보면 명사형이나 동사형이나 뜻은 똑같다. '성공하지 못함'과 '조금 부족함'이 내용의 중심이다. 아주 간단하다. 하지만! 웹스터 사전엔 '성공하지 못한 사람', 혹은 '조금 부족한 사람'이라는 말이 없다. 실패는 과정일 뿐 사람이 아니기 때문이다. 실패란 우리가 언제든 바꿀 수 있는 일련의 선택과 행위의 결과물이다. 그렇다 해도, 결과물이 예상과 다르게 나오면 우리는 자신이 실패했다고 쉽게 규정하려고 한다. 그러지 않으려고 애를 쓰는데도 왜 우리는 여전히 흔들리는 걸까?

우리가 흔들리고, 넘어지고, 실패하는 데는 큰 이유가 있다. 우리가 인간이기 때문이다. 사람 자체가 쓰러지고 실패하는 일 없이 인생을 살 수 없는 존재인 것이다. 누군가 계속 성공 가도를 달리는 것 같아도 속을 들여다보면 꼭 그렇지만도 않다. 우리가 잘 모를 뿐, 그에게도 적지 않은 실패가 있다. 어린 시절에 선생님께 의자를 집어 던지고 초등학교 내내 최악의 문제아였던 알베르트 아인슈타인이 대표적인 예다. 누가 봐도 실패와 실수투성이가 아닌가.

『십 대를 위한 실패 수업: 과학, 문화, 예술 편』에 등장하는 마리암 미르자하니도 좋은 예다. 최고의 상을 받은 수학자였지만 중학교 시절까지만 해도 수학을 좋아하지도, 잘하지도 못했다.

그 유명한 해리 포터의 작가인 조앤 롤링의 경우는 또 어떤가? 그녀의 첫 자필 원고는 수많은 거절을 경험하고서야 초판이 인쇄될 수 있었다.

완벽하게 태어난 사람은 없다. 얼마나 열심히 살든, 우리는 모두 삶의 과정에서 넘어지곤 한다. 의지와 신념, 그리고 다시 일어나서 가던 길을 계속 가는 용기가 문제 해결의 열쇠이다.

다른 예도 있다. 수많은 사람뿐 아니라 아이디어도 역시 실패할 수 있다. 때로는 대성공을 짐작게 하는 사업 아이디어가 두 친구에 의해서 나올 때가 있다. 아이디어에 매혹된 투자자들이 두 친구가 창업할 수 있도록 투자한다. 얼음에 재운 샴페인과 색종이 폭죽 등 거대한 창업식 후에는… 우르릉 쾅! 큰 실패가 따라온다. 제품에 결함이 있다. 두 친구 사이에 소통도 잘되지 않는다. 어느 것도 계획대로 진행되지 않는다. 꿈은 악몽으로 변한다. 두 친구의 미래는, 그리고 제품, 투자자들, 소비자들의 미래는 어떻게 될 것인가?

여러분이 실패를 부정적인 것으로 낙인찍는 사람이라면 위 질문에 대한 대답은 처참할 것이다. 하지만 사업 속에 있는 실패, 역경, 실수. 이 세 가지는 두려움을 만들어 내는 것이 아니라 두려움을 없애는 길을 찾는다. 그리고 여러분이 진정 위대한 사람이 되고 싶다면 가장 큰 요구사항 중 하나가 두려움을 이기는 것이다. 아마도 여러분은 이런 말을 들어 봤을 것이다.

"첫 번째 시도가 성공하지 못하더라도 두 번, 세 번 계속 시도하라."

이런 진부해 보이는 문장이 다음과 같은 정반대의 문장들 대신에 오랫동안 호소력을 갖는 데는 이유가 있다.

"첫 번째 시도가 실패하면 사라져버려라!" 혹은 "첫 번째 시도가 실패한다면 여러분은 성공할 자격이 없는 사람이다."

우리가 알고 있는 첫 문장의 의미는 이렇다.

"처음에 실패한 여러분은 이제 다음의 성공까지 한 발짝 더 다가가 있는 것이다."

아까 그 실패한 사업 이야기로 돌아가 보자. 두 친구가 원래의 사업 대신에 공장이었던 건물에 투자하기로 한다면, 그래서 지역사회에 더 적합한 공공건물로 바꾸기로 한다면? 혹은 건물을 처분한 돈으로 투자자들의 자금을 갚고, 제품을 수리하고, 기존 사업을 온라인으로 전환하기로 한다면? 두 친구에겐 실패로부터 배워서 다음의 성공으로 갈 수 있는 다양한 길이 있다.

중학교 1학년을 마친 후 25년 동안 내 앞에 놓였던 실패와 역경, 실수 들로부터 나 자신과 삶에 대해 많은 것을 배웠다. 나는 결국 그 1,600미터를 좋은 기록에 완주할 수 있었고, 고등학교 시절엔 크로스컨트리팀에도 들어갔다. 또한, 공부도 열심히 해서 우등생이 되었고, 옥스퍼드 대학에서 1년 동안 대학 생활을 했다. 나는 멋진 여인을 만나 결혼해서 세 명의 아들을 둔 아버지가 되었고, 정말 좋아하는 교사와 작가라는 두 개의 직업을 갖고 있다.

나는 아직도 많은 실수를 저지른다. 어떤 의미로 보면 크고 작은 실수 없이 하루를 보내 본 적이 없다. 하지만 중학교 1학년 시절의 불행을 극복했듯이 나는 이 실수들을 받아들이고, 그로부터 배우며, 매일 조금씩 나아지려고 노력한다.

하지만 내 말만 믿지는 마시라. 어쨌든 여러분은 이렇게 생각할지도 모른다.

'알겠어요, 아저씨. 1,600미터를 다 뛰셨단 말이네요. 놀라워요. 그런데 그게 저와 무슨 상관인지 모르겠어요.'

좋다. 여러분의 생각이 크고도 또렷하게 들린다.

그러니 이렇게 하시라. 끝까지 읽어라. 실패 수업 시리즈에 등장하는 35명과 21개의 '실패의 길목에서'에는 세상, 혹은 그 일부를 바꾼 진정 위대한 사람들의 극적인 이야기가 들어 있다.

그리고 맞춰 보시라. 그들은 많이 실패했다. 많이 거절당했다. 많은 실수를 저질렀다.

내가 말했듯이 여러분이 나를 믿지 않아도 좋다. 끝까지 읽어보라. 그 모든 이야기를 읽고 나면 여러분은 아마 그들은 믿게 될 것이다.

덧붙이는 말

실패 수업에는 내가 깊이 존경하고 찬사를 보내는 사람들의 이야기가 실려 있다. 그들은 하나같이 삶 속에서 여러 고통과 도전을 극복했다. 그들의 의지와 희망이 어떻게 자신에게 도움이 되었는지를 보여 주려고 했다. 그러다 보니 혼자만의 의지나 용기만으로는 극복할 수 없었다는 중요한 깨달음을 얻었다. 실패 수업의 영웅들에겐 예외 없이 타인의 도움이나 응원이 필요했다.

배우인 크리스토퍼 리브에겐 그를 조건 없이 사랑한 아내인 데이나가 있었다. 대법관 소니아 소토마요르에게는 좌절하지 않고 용기 있는 어머니인 셀리나의 헌신과 지지가 있었다. 동물학자인 템플 그랜딘에게는 창의적이고 자상한 그녀의 고등학교 은사인 윌리엄이 있었다. 모든 경우에 본인의 투지만 가지고는 절대 불가능했다.

더 나아가서 프레더릭 더글러스가 도망쳤던 노예제나 현재도 실존하는 인종차별주의와 성차별주의 같은 폭압적 제도 아래서 개인의 의지나 용기만으로는 문제를 극복하기엔 어림도 없다. 인간으로서, 그리고 지구라는 행성의 주민으로서 우리는 우리 일에 최선을 다해야 한다. 그뿐만 아니라 실패 수업에 나오는 아름답고 용감한 사람들처럼 불평등한 제도를 바꾸기 위해 함께 노력해야 한다. 그것을 위해 우리는 소리 높여 외치고, 피해자들을 지지하고, 우리의 성공이 단지 우리만의 성공이 아님을 항상 기억해야 한다. 우리의 성공은 항상 다른 사람들에게도 도움과 용기를 주어야 한다.

1 넬슨 만델라
Nelson Mandela

나는 모든 사람이 동등한 기회를 얻고 조화롭게 사는, 민주적이고 자유로운 사회를 꿈꾸며 살아왔습니다.

📱 전국을 돌아다니며 출마를 선언하는 것만으로도, 만델라는 남아프리카공화국에서 최초의 흑인 대통령이 될 수 있었다. 당시 백인들은 남아프리카공화국의 모든 권력을 쥐고 있었지만, 그의 출마를 지지하면서 흑인들에게 불공정한 법이 전국적으로 시행되고 있는 것을 인정했다. 만델라는 위협을 받거나 감옥에 갇힌 적도 없으며, 대통령이 되는 과정은 백인들의 열렬한 지지와 성원에 힘입어 순조롭기만 했다.

천만에!

남아프리카공화국에서 태어나고 자란 만델라는 어려서부터 인종차별주의를 온몸으로 경험했다. 그는 '아파르트헤이트'라 불리는 인종분리정책 아래서 백인 경찰들과 정부 관료들이 흑인들을 대상으로 잔인한 정책을 펴는 것을 지켜보았다. 흑인들은 엄격하게 통제된 '흑인 거주지'에서만 살아야 했으며, 백인들과 같은 화장실이나 기차를 이용할 수 없었다. 또한 취업도 할 수 없었고, 법적으로 보호를 받지도 못했다. 실제로 피부가 검다는 이유 하나만으로 경찰들은 흑인들을 때리고 괴롭히며 가혹하게 대했다.

남아프리카공화국의 인종분리정책은 백인들이 모든 권력을 유지할 수 있게 만든 비극적이고 파괴적인 수단이었다. 만델라는 그 구조를 무너뜨리는 데 온몸을 바치기로 했다.

만델라는 젊은 시절부터 자신의 의지로 부당한 제도에 맞서 싸웠다. 그는 포트헤어 대학교에 다니면서 학생운동에 참여했고, 그 결과

대학교를 졸업하지 못하고 퇴학을 당했다. 하지만 그는 이에 굴하지 않고 1944년에 강력한 정치조직인 '아프리카 민족회의 청년동맹'에 가입했다.

남아프리카공화국에서는 행진, 연설, 시위, 집회, 정책 거부하기 등의 인종분리정책에 반대하는 여러 운동이 일어났다. 그러나 흑인들의 선거권을 박탈하고 백인들이 모든 권력과 부를 거머쥐게 만든 인종분리정책은 쉽게 무너지지 않았다. 흑인들은 정의를 이루기 위해 몇 번이고 맹렬히 투쟁했지만 모두 실패로 돌아갔다.

1961년, 만델라는 전국적인 관심을 끌기 위해서 폭발물을 사용하는 과격한 시위에 참여하기 시작했다. 그는 군사 조직인 '민족의 창'의 공동설립자이자 의장을 맡았다. 민족의 창은 자신들의 사회에 뿌리박힌 불평등과 인종차별주의를 깨닫게 하려고 이전보다 폭력적인 방식을 사용했다.

하지만 인종분리정책의 높은 벽 앞에서 만델라와 동료들은 계속 무릎을 꿇어야만 했다. 결국 그는 법정에서 정부를 전복하려고 했다는 죄로 1964년에 유죄를 선고받았다. 형량은? 종신형이었다.

법정에서 만델라는 이후 30년 동안 못 누릴 자유인으로서 최후진술을 했다. 법정을 둘러보며 그는 다음과 같이 말했다.

"나는 모든 사람이 동등한 기회를 얻고 조화롭게 사는, 민주적이고 자유로운 사회를 꿈꾸며 살아왔습니다. 이것은 내 삶에서 꼭 이루어야만 할 꿈이고, 그 꿈을 이룰 수만 있다면 나는 기꺼이 목숨을 내놓을 것입니다."

그가 말한 이 꿈은 향후 30년 동안 인종분리정책에 저항하며, 남아프리카공화국의 평등을 위한 운동을 지속할 수 있었던 원동력이 되었다.

만델라는 재판이 끝나고 로벤섬의 교도소로 보내졌다. 그 교도소는 중범죄자들, 특히 만델라와 같은 정치범들을 가두기 위한 곳이었다. 그는 그곳에서 초기에 가혹한 대우를 받으며 결코 살아서 나가지 못하리라 생각했다. 그에게는 오직 6개월에 편지 한 통과 30분의 면회 한 번만이 허락될 뿐이었다. 가로세로 180센티미터의 그의 방에 있는 물건은 잠자리 매트, 용변용 양동이, 그리고 등받이가 없는 의자 한 개가 전부였다.

장남이 교통사고로 죽었을 때도, 할머니가 돌아가셨을 때도, 만델라는 장례식에 참석할 수 없었다. 정부와 교도관들에게 그는 단지 수인번호 46664일 뿐이었다.

만델라도 수인번호 46664로 살았을까?

인종차별을 없애기 위해 행했던 모든 싸움이 실패로 돌아간 후에도, 그에 더해 종신형을 선고받은 후에도, 만델라는 절망하지 않았

맹렬함을 잃지 마라!

마하트마 간디는 감옥에 있는 동안 영국이 인도의 독립을 인정하도록 끊임없이 단식투쟁을 했다. 10년에 걸친 그의 투쟁은 1947년에 결실을 보았다.

다. 그는 철창 안에 갇혀 있는 동안 최대한 많은 것을 배우려고 했다. 거기에는 백인 교도관들에 대한 이해도 포함됐는데, 이는 자유롭고 민주적인 남아프리카공화국에 대한 희망을 그가 포기하지 않았기 때문이었다. 만델라는 감옥 안에서 삶을 썩히는 대신에 그 기간을 화해와 평화의 가능성으로 바꾸기 위해 최선을 다했다.

> 나는 모든 사람이 동등한 기회를 얻고 조화롭게 사는, 민주적이고 자유로운 사회를 꿈꾸며 살아왔습니다. 이것은 내 삶에서 꼭 이루어야만 할 꿈이고, 그 꿈을 이룰 수만 있다면 나는 기꺼이 목숨을 내놓을 것입니다.

넬슨 만델라

무엇보다 만델라는 교도관들이 럭비를 좋아한다는 사실을 알고 있었다. 럭비는 남아프리카공화국의 백인들만이 할 수 있는 운동이었고, 인종차별과 권력 불균형의 상징과도 같았다. 하지만 만델라는 교도관들과의 연결고리로 럭비에 흥미를 느꼈다.

시간이 지나면서 만델라는 폭력적인 방식에 등을 돌렸다. 그는 남아프리카공화국이 어엿한 국가가 되기 위해서는, 흑인과 백인이 서로 화해하는 길밖에 없다고 보았다. 그는 자신이 짐승처럼 대우받는 것을 거부했고, 또한 다른 누구도 짐승으로 취급하지 않았다. 만델라는 감옥에서도 존경을 받을 만한, 존엄한 인간으로 살기를 선택했다.

이런 그의 행보는 다른 정치범들이 단합해서 서로를 믿게 했고, 급

기야 많은 교도관이 그를 존경하게 했다. 심지어 몇몇 교도관들은 그에게 조언을 구하기도 하였다! 그중엔 크리스토 브랜드라는 젊은 교도관이 있었는데, 만델라를 깊이 존경한 나머지 그를 아버지처럼 여겼다. 만델라는 매년 브랜드의 아들에게 생일편지를 써 주었다.

만델라는 또한 겉으로는 하찮게 보이는 일에도 의미를 두었다. 그는 나중에 이렇게 썼다.

"감옥에서 살아남기 위해서는 일상에서 만족할 만한 일거리를 찾아내야 해요. 누군가는 빨래하고 깨끗해진 옷을 보며, 누군가는 걸레질하고 먼지 하나 없는 복도를 보며, 또 누군가는 감방의 짐을 정리하고 한결 여유로워진 공간을 보며 성취감을 느낍니다. 감옥 밖에서는 중대한 일을 해결하고 갖는 그 자부심을, 감옥 안에서는 소소한 일을 하면서도 가질 수 있어요."

이렇게 평범한 일에서 성취감을 느끼다 보니, 가혹한 환경에서 부드러우면서도 용기 있는 분위기를 만들어 낼 수 있었다.

그사이 교도소 밖에서는 많은 사람이 만델라의 석방과 인종분리정책을 중단하기를 끊임없이 요구했다. 운동이 갈수록 격렬해지는 동안 만델라의 부인 위니도 그 외침의 앞에 서 있었다.

1990년, 27년간의 복역 끝에 만델라는 드디어 석방되었다(마지막 9년은 로벤섬이 아니라 남아프리카공화국의 수도인 케이프타운 외곽에 있는 폴스무어 교도소에서 보냈다). 종신형은 무효가 되었고, 그는 자유인이 되었다. 감옥 밖에서 만델라의 석방과 전 국민의 동등한 권리를 요구한 운동이 있었다면, 감옥 안에서는 화해를 외친 만델라의 평화 운동이 있었다. 이 운동들은 그가 자유를 얻는 데 도움이 되었다.

> 감옥 밖에서는 중대한 일을 해결하고 갖는
> 그 자부심을, 감옥 안에서는 소소한 일을
> 하면서도 가질 수 있어요.

넬슨 만델라

많은 사람이 만델라가 과거에 자신과 흑인들을 탄압했던 자들에게 보복할 것인지 궁금해했다. 하지만 그는 감옥을 나오면서 자신이 전파해 왔던 화해의 메시지를 분명히 선언했다. 1994년, 만델라는 남아프리카공화국에서 최초의 흑인 대통령으로 당선되었다. 그리고 그는 행정부의 백인 관료들에게 보복하지 않고 그대로 일하게 두어서 전국을 충격에 몰아넣었다. 복수의 칼을 뽑는 대신에 만델라는 협력과 용서의 힘을 보여 주면서 '진실과 화해 위원회'를 결성했다. 이 위원회를 통해 법정은 은폐된 과거의 인종차별 범죄들을 밝혀냈고, 나라를 분열시키지 않는 조치들을 만들게 되었다.

27년간 감옥에서 살아가는 최악의 조건을 상상해 보자. 27년이나! 여러분이 요구한 것은 그저 흑인들도 백인들과 똑같이, 평등하게 대우해 달라는 것뿐이었다. 꿈을 위한 노력이 전부 실패하고, 영원히 꿈을 이룰 수 없도록 종신형을 선고받았다. 그런데도 여러분의 머리와 마음에는 용서와 화해가 자라나고 있다.

만델라는 남아프리카공화국과 전 세계에 정의를 향한 여정에서 포기하지 않는 모습이 어떤 것인지를 보여 주었다. 한 번, 두 번, 백 번의 실패는 결승선에 아직 도착하지 못한 것을 의미할 뿐이다. 평등을 위해 투쟁했던 또 다른 혁명가 마틴 루터 킹 목사는 이런 말을 남겼다.

"무엇이 도덕적인지 확신하는 것은 무척 어렵습니다. 하지만 그것이 정의로워야 한다는 것만은 분명합니다."

만델라는 이 믿음을 가슴 깊이 새기고 있었다.

비록 실패가 영원해 보이고 극복하는 게 불가능해 보일지도 모른다. 그러나 시간과 열정을 가지고 더 나은 목표를 향한 노력만 있다면 정의는 항상 실현된다.

굽히지 않는 용기를 가져라!

개리 로크의 가족은 중국의 시골에서 미국으로 이민을 갔다. 오랜 수난과 고생 끝에 로크는 1996년 워싱턴 주에서 최초의 아시아계 주지사로 당선되었다.

2 일한 오마르
Ilhan Omar

결국엔
사랑이 증오를
이기게 돼 있어요.

이슬람교도 여성으로서 미국 하원의원 선거에 출마할 때까지, 오마르에게 펼쳐진 길은 평탄했다. 비록 미국에서 태어난 것은 아니지만 미네소타 주에 살기까지, 그녀의 여정은 최고의 것들로 가득했다. 호화유람선을 타고 소말리아에서 미국으로 건너온 것도 그중의 하나이다. 그리고 새로운 환경에 적응하는 데에도 전혀 문제가 없었다. 오마르가 미국에서 이슬람교도 여성의 권리를 소리 높여 외칠 때에도 모든 사람이 그녀를 존중해 주었다.

전부 지워 버려라.

여덟 살의 어린 소녀가 부모님과 여섯 명의 손위 형제들과 손을 꼭 잡고, 전쟁을 피해 밤길을 달린다. 1990년, 소말리아는 갈가리 찢어졌다. 살인과 폭력, 그리고 온갖 정신적 상처가 소녀의 가족을 따라다닌다. 그들은 평화롭고 안전한 곳을 찾기 위해 고향을 떠나서 케냐의 한 난민촌에 이른다.

그곳에서 소녀의 가족은 자신들처럼 생존을 위해 고향을 떠나온 다른 사람들과 4년을 같이 지낸다. 그들은 비좁은 막사에서 구호 물품에 의지해서 살아가지만, 언젠가는 평화롭고 풍요롭게 살 수 있을 거라는 작은 희망을 키운다.

4년을 빨리 감아 보면, 오마르의 가족은 난민 프로그램을 통해서 미네소타 주의 미니애폴리스에 정착하게 된다. 구겨진 삶이 펴지기 시작한다. 친구들을 사귀고, 서서히 새로운 환경에 적응하며 투표권도 행사한다.

미합중국 선거일에 아버지가 처음으로 정장을 빼입고 투표하러 가는 모습을, 오마르는 잊을 수 없다고 말한다. 그녀에게 있어서 투표권 행사는 특별한 가치를 갖는 신성한 명예이자 의무였다. 그녀의 가족에게 민주주의란 어떤 경우에도 희망이 있고, 정의의 문이 항상 열려 있다는 믿음이다. 오마르의 말을 빌려 보자.

"결국엔 사랑이 증오를 이기게 돼 있어요."

이번엔 2016년으로 빨리 감아 보자. 11월 7일, 오마르는 공식적으로 미니애폴리스의 하원의원이 되었다. 80퍼센트라는 놀라운 득표를 한 그녀는, 최초의 소말리아계 미국인 이슬람교도 여성 입법위원이 된 것이다! 도저히 이루어질 수 없다고 생각한 꿈이 현실이 되었다.

> 결국엔 사랑이 증오를 이기게 돼 있어요.

일한 오마르

어린 오마르는 자신의 고향을 황폐하게 만든 전쟁의 상처를 견뎌야 했지만, 꿈을 포기하지는 않았다. 가족의 평화와 안전을 위해 노력하던 부모님의 모습과 칠흑 같은 어둠 속에서 앞으로 나아갔던 기억은 그녀를 무한한 낙천가로 만들었다.

미니애폴리스에 처음 도착했을 때 오마르는 영어를 한마디도 못 했다. 그녀는 TV 시트콤에서 나오는 말들을 들으며 뜻을 이해하기 위해 애썼다고 말했다. 〈베이사이드 얄개들〉과 〈메리 타일러 무어 쇼〉 그리고 〈패밀리 매터스〉와 같은 시트콤을 통해 그녀는 영어를 배웠다.

아버지가 투표를 시민의 의무로 여기는 것을 보면서, 오마르는 정치에 뜻을 갖게 되었다. 그녀는 노스다코타 주립대학에서 정치학을 전공했다. 하지만 졸업도 하기 전에 자신의 정치적 열정을 행동으로 옮겼다. 오마르는 노스다코타 주립대학에서 '이슬람 문화주간'이란 행사를 열었다. 그 행사는 이슬람에 대해 아무것도 알지 못하고 편견을 가진 학생들에게, 이슬람교도가 어떤 사람들인지 이해할 수 있도록 도움을 주었다.

오마르는 졸업 후에도 미니애폴리스에서 여러 일을 하며 정치적 활동을 이어갔다. 시의회 의원으로 일하는가 하면, 동아프리카에서 미국으로 넘어온 여성들의 정치 활동을 지원하거나 도와주는 단체들과 협력했다. 그녀가 여성들을 대신해서 한 일들은 누구도 침묵을 강요당해서는 안 되며, 자유롭게 자신의 목소리를 낼 수 있어야 한다는 믿음에 뿌리를 두고 있었다. 그녀는 이렇게 말했다.

"여성들과 소수자들은 때로 뭔가를 해도 좋다는 허가를 기다립니다. 우리는 이런 관행을 없애야만 해요."

과감히 방향을 틀어라!

영국군 장교인 에릭 로맥스는 제2차 세계대전 도중에 일본군의 포로수용소에 갇혀 있었다. 그는 일본군 장교인 다카하시 나가세에게 고문을 당했다. 하지만 50여 년 후 다시 만난 두 사람은 묵은 앙금을 풀었다. 눈물과 용서로 두 사람은 전쟁의 상흔과 폭력을 극복하며 우정을 쌓았다.

사회는 약자들에게 억압적인 메시지를 던진다. 주변이 허락하는 것만 할 수 있다고. 하지만 오마르는 이러한 메시지를 거부한다. 그녀는 자신이 도망쳐 나온 소말리아가 아닌 현재 발을 붙이고 사는 미네소타 주의 미니애폴리스, 나아가서는 미국의 국민으로 자기 자신을 정의했다.

> 여성들과 소수자들은 때로 뭔가를
> 해도 좋다는 허가를 기다립니다.
> 우리는 이런 관행을 없애야만 해요.

일한 오마르

그녀는 용감하지만 부드러운 지도력으로 여성은 물론 남성에게도 모범이 되었다! 오마르의 남편인 아메드 히르시는 선거일 밤에 자기 생각을 부드럽게 밝혔다.

"남성들에게… 하고 싶은 말이 있어요. 강한 아프리카계 이슬람교도 여성을 만난다면, 절대 두려워하지 말아요. 무슨 말인지 알겠어요? 오히려 고마워하세요."

강하고 용기 있는 아내를 진정으로 돕는 이러한 남편의 사례는 강렬하면서도 새로운 미래를 예언한다. 지도력이 특정 성별의 전유물이 아니라는 점을 깨닫기 위해서라도, 남성들에겐 훌륭한 여성들의 사례가 필요하다. 지도력을 결정하는 건 성격과 방향성인데, 오마르는 그 둘을 넘치도록 가졌다.

여러분은 사회환경에 영향을 받아서 여러분의 미래를 스스로 제한할지도 모른다. 여성은 특정한 역할만 맡아야 하고, 남성은 특정한 방식으로만 일해야 한다고 생각할지도 모른다.

하지만 잠깐! 여러분의 목소리가 가장 중요하다는 것을 오마르는 입증했다. 만일 여러분이 '전형적인' 혹은 '전통적인' 어떤 역할을 강요당하지 않았다면 훨씬 좋다! 세계는 여러분의 목소리와 여러분의 경험을 원한다. 여러분은 나라와 지역사회를 위해 활동하는 의원이 될 수도 있다. 아니면 오마르의 남편처럼, 목소리를 내야 하는 누군가를 도와주고 격려할 수도 있다. 용기 있고 선한 지도자가 세상에 나오도록 서로 도와주면서, 우리는 모두 성장하고 성공하는 것이다.

당선이 확정된 날 밤에 오마르는 말했다.

"이것은 어릴 때 강제결혼을 당한 젊은 여성의 승리였습니다. 이것은 꿈을 너무 크게 갖지 말라고 강요받은 모든 사람의 승리였습니다."

그녀의 승리는 우리 모두의 승리이기도 하다. 정부의 법률 제정이 고귀하고 용감하며 따뜻한 방향을 가진다면, 우리는 다양성 위에서 진정 아름답고 위대하게 발전하는 국가를 만들어갈 수 있다.

이것은 꿈을 너무 크게 갖지 말라고
강요받은 모든 사람의 승리였습니다.

일한 오마르

맹렬함을 잃지 마라!

2017년, 버지니아 주에서 대니카 로엠은 다선 의원인 밥 마셜을 누르고, 최초의 성전환자 하원의원이 되었다. 마셜은 13번이나 의원 자리를 차지한 인물이었다. 많은 사람이 로엠의 당선을 불가능하게 여겼지만, 그녀는 자신이 옳았음을 증명했다.

3 시비스킷
Seabiscuit

시비스킷이 달리는 걸
즐겁다고 느끼도록 노력했다.
달리는 걸 두려워하기보다 재미를
붙이고 즐길 수 있도록 도왔다.

시비스킷은 별다른 슬럼프나 부상 없이 오직 승리의 길만을 달리도록 키워졌다. 그리고 성공은 확실히 이 특별한 말의 편이었다! 이 말을 사기 위해 구매자들은 사상 최고가의 입찰금을 써냈다. 그럴 만한 엄청난 가치가 있었기 때문이다! 경마 인생에서 우승을 놓친 적이 없는 시비킷은 주인이나 조교사, 그리고 기수를 실망하게 한 적이 없다. 이 말은 완벽한 성공과 무결점의 대명사였다.

터무니없는 소리! 오늘날이든 언제든, 어떻게 보아도!

큰 무대에서 공연할 기회를 얻었지만, 관중을 열광시키기는커녕 얼어붙게 만드는 경우가 종종 있다. 준비도 열심히 했고 능력도 충분하지만, 웬일인지 성공하지 못한다. 여러분은 시험공부를 착실히 해서 모든 질문에 답할 준비가 되어 있다고 믿었는데, 시험을 망쳐서 충격을 받은 적이 있는가? 농구든 발레든 죽도록 연습해서 모든 동작과 전략을 완벽하게 익혔는데, 막상 실전에서는 망쳐본 적이 있는가?

오랫동안 열심히 했다고 해서 실패가 성공으로 꼭 바뀌지는 않는다. 때로는 여러분이 모르고 있는 여러분의 특별한 재능을 꿰뚫어 보는 누군가가 필요할 때가 있다. 경주용 말인 시비스킷에게 필요한 것이 그런 사람이었다.

1933년, 수많은 미국인과 기업이 파산하고 사상 최고의 실업률을 기록했던 대공황기에 시비스킷이 태어났다. 우수한 혈통으로 최고의 경주마가 될 것으로 모두가 예상했다. 1935년, 시비스킷은 처음으로 경주에 참여해서 4위를 기록했다. 나쁘지는 않았지만, 기대에는 못 미치는 성적이었다. 경주를 지속할수록 그의 성적은 점점 떨어지기만 했다. 18번의 경주에서는 순위권에 들어가지도 못했다. 우수한 혈통과 거대한 몸집으로 큰 기대를 받았지만, 총 35번의 경주에서 시비스킷이 우승한 것은 5번뿐이었다.

별로 공감이 안 되면 이렇게 한번 생각해 보라. 여러분이 35번의 수학시험에서 5번만 좋은 성적을 받았다고 보면 된다. 농구시합을 35번이나 치렀는데 이긴 건 겨우 5번이라고 보면 된다. 연기를 좋아하나? 무대공연을 위해 오디션을 35번이나 봤는데 배역을 따낸 건 겨우 5번이라면 어떨까? 시비스킷은 빠른 속도로 추락하고 있었다. 주목을 받는 말에서 무시당하는 말이 되어 버린 것이다.

시비스킷이 더는 우승할 수 없을 거라는 걱정에 마주들은 그를 팔아서 얼마를 받든지 간에 구매할 때 썼던 투자금을 거두어들이기로 했다. 그들은 1936년 8월에 열린 약 700만 원 규모의 매각 경주에 시비스킷을 내보내기로 했다. 매각 경주란 참가한 모든 말들을 경주가 끝난 후 팔아버리는 경주였고, 마주들은 당일 뛰는 말들의 구매가를 제출하는 것으로 입찰에 참여했다. 매각 경주에서 우승을 차지한 말은 놀랍게도 시비스킷이었다. 하지만 대규모로 입찰을 거부하는 사태가 발생했다. 경주를 지켜본 누구도 그를 사려 하지 않았다. 시비스킷은 경매에 나온 다른 모든 말보다 빨랐지만, 지난 2년간의 형편없는 성적이 원인이었다.

이어서 시비스킷에게 일어난 일은, 우리가 실패의 의미를 다시 생각하도록 도움을 주는 좋은 예이다. 그날 시비스킷의 매각 경주를 지켜본 사람 중에 톰 스미스도 있었다. 지난 2년간 시비스킷은 실패한 것처럼 보였지만, 스미스는 달리는 그 말에게서 번쩍이는 가능성을 보았다. 실망스러웠던 2년의 세월 속에 깊이 묻혀 있던 놀라운 가능성을 한눈에 알아본 것이다.

스미스는 함께 매각 경주를 지켜보고 있던 찰스 하워드의 조교사로 일하고 있었다. 스미스는 시비스킷의 엄청난 가능성에 관해 얘기했고, 하워드도 그 점을 인정했다. 그는 즉시 시비스킷을 구매했다.

혹시 여러분의 선생님이나 친구, 혹은 부모님이나 친척들도 여러분의 가능성보다는 현재까지의 성적에 집중하지는 않는가? 오래전 내 수업을 듣던 중학교 1학년 학생이 떠오른다. 그 학생은 학기가 시작될 때 내게 다가와서 미리 알렸다.

"저는 글을 정말 못 써요."

나는 몸을 돌려 그를 보면서 이렇게 말했다.

"네가 쓴 글을 보면 알겠지."

1년 동안 그 학생이 쓴 몇몇 시는, 내가 읽은 가장 놀라운 작품에 들어간다. 모두가 떠난 조용한 교실에서 그 학생이 쓴 한 편의 시를 읽던 어느 날의 오후를 영원히 잊지 못할 것이다. 꾸밈없고, 생생하고, 솔직했던 그 시로 눈물을 흘렸다. 그곳엔 한 편의 시를 읽으며 책상 앞에서 훌쩍거리던 서른 살 먹은 내가 있었다!

내 학생은 결코 글을 못 쓰는 게 아니다. 그때까지 그의 지혜와 경험을 보여 줄 기회가 없었을 뿐이다. 그에겐 그의 삶에 녹아 있는 고통을 들어줄 사람이 필요했었는지도 모른다. 한 가지 분명한 사실은 내 교실에 발을 들여놓기 전부터 그의 언어에는 이미 힘이 넘쳐났다.

아마도 내가 비슷한 경험을 했기 때문에, 그 학생이 겪고 있는 시련을 이해할 수 있었다. 나 자신의 좌절과 공포 때문에 그와 연결될 수 있었던 것이지, 내게 특별한 이해의 능력 따위는 없었다. 아름다운 시들은 세상에 나올 날을 기다리며, 이미 그 학생의 마음속에 자리 잡고 있었다. 그에게 필요한 것은 귀 기울여 듣고 엄지를 치켜들 사람뿐이었다.

스미스의 지도를 받고 활짝 피어난 시비스킷이 이런 사례에 해당

꿈을 가져라, 너무 따지지 말고!

오빌 라이트와 윌버 라이트 형제가 손쉽게 비행에 성공한 것은 아니다. 오랫동안 자전거 설계와 판매를 한 후에 비행기를 만드는 실험을 시작했다. 숱하게 처박히고 고꾸라진 끝에, 첫 비행기의 형태를 완성해 공중에 뜰 수 있었다. 엄청난 용기와 믿음이 있었기에 모든 실패를 딛고 그들은 꿈을 지킬 수 있었다.

한다. 스미스는 시비스킷을 경마 훈련장 안으로 밀어 넣고 형편없는 기록에 역겨운 반응을 보이는 대신에, 시비스킷이 달리는 걸 즐겁다고 느끼도록 노력했다. 달리는 걸 두려워하기보다 재미를 붙이고 즐길 수 있도록 도왔다. 이를 위해 스미스는 개와 원숭이, 그리고 온화한 태도로 유명했던 다른 말 한 마리를 시비스킷의 마구간에 넣어 주었다. 이 식구들 덕분에 시비스킷은 마음의 안정을 찾았다.

또한 스미스와 하워드는 시비스킷을 위한 특별한 기수인 조니 폴라드를 찾아냈다. 그는 시비스킷과 판박이의 삶을 살았다. 시비스킷과 마찬가지로 폴라드는 많은 좌절과 고통을 겪었다. 한쪽 시력을 잃은 폴라드는 어려운 환경을 극복해 왔으며, 경마를 향한 깊은 열정을 품고 있었다.

> 시비스킷이 달리는 걸 즐겁다고
> 느끼도록 노력했다.
> 달리는 걸 두려워하기보다 재미를
> 붙이고 즐길 수 있도록 도왔다.

폴라드와 시비스킷은 특별히 깊은 유대관계를 맺으며 승리를 쌓아가기 시작했다. 시비스킷은 많은 경주에서 우승하면서 관중들을 열광시켰다. 1938년에는 최고의 경주마였던 '워 어드미럴'을 간발의 차이로 누르고 우승했고, 최고의 명예인 '올해의 경주마상'을 거머쥐었다.

이 명예로운 상과 우승은 시비스킷의 원래 기수인 폴라드 대신에

회복하고 다시 일어나라!

워싱턴 주 타코마의 한 쇼핑몰에서 고릴라 아이반을 본 사람들은 그에게 마음을 빼앗겼다. 하지만 사람들은 아이반의 숨겨진 사연을 알지 못했다. 아이반은 고향인 콩고에서 밀렵꾼에게 납치당한 후 27년 동안 쇼핑몰의 작은 우리 안에 갇혀 있었다. 아이반은 1994년에 자유를 얻어 조지아 주에 있는 애틀랜타 동물원으로 옮겨졌는데, 그곳에서 그는 넓은 방사 우리를 마음껏 돌아다닐 수 있었다. 새로운 삶에 적응하는 데 시간이 걸리긴 했으나 아이반은 결국 다른 고릴라들과 함께 그곳에서 어울려 지냈다.

새로운 기수인 조지 울프에게 돌아갔다. 폴라드는 부상이 너무 심해서 한동안 경주에 나갈 수 없었다. 하지만 1940년이 되자 폴라드는 건강이 회복되어 다시 시비스킷의 등에 오를 수 있었다. 신뢰로 뭉친 이 팀은 시비스킷이 두 번이나 우승을 놓쳤던 산타 아니타 경주에서 우승컵을 들어 올렸다.

지난 수년 동안 비평가들은 시비스킷을 일컬어 '캘리포니아에서 제일 과대 포장된 말'이라고 비아냥거렸다. 하지만 폴라드와 시비스킷은 그렇게 말한 비평가들을 부끄럽게 만들었다. 시비스킷은 총 5억1천만 원의 상금과 33회의 우승을 기록했는데, 이는 당시 새로운 세계신기록이었다.

시비스킷의 경우처럼 자신을 믿어주는 사람들과 함께하면 삶 전체가 달라진다. 그들은 우리가 꿈꾸지 못했던 미래를 보여 주고, 그 과정에서 기쁨을 느끼도록 도울 수도 있다. 시비스킷의 여정은 실망과 실패 위에서 시작되었다. 그는 잘 달리지 못했고 성질 급하고 고약스러운 말로 유명했다. 하지만 그러한 부정적인 평판은 그에게서 새로운 가능성을 본 사람들에 의해 눈 녹듯이 사라졌다. 그들은 시비스킷의 잠재력을 극대화하고, 달리는 즐거움은 물론이고 사람들과 함께 지내는 즐거움도 깨우쳐 주었다. 그 결과는?

시비스킷은 좌절과 패배의 나날들과 작별하고, 역사상 가장 미친 듯이 성공하고 최고의 인기를 얻은 경주마 중 하나가 되었다.

스터비 병장 Sergeant Stubby

1917년 7월의 어느 따뜻한 날, 뉴잉글랜드 102보병사단의 병사들은 예일 대학교 미식축구장에서 군사훈련을 하고 있었다. 훈련을 준비하느라 병사들은 땅딸막하고, 갈색과 흰색의 털이 섞인, 개 한 마리가 잔디 구장 위로 들어서는 것을 눈치채지 못했다. 오직 로버트 콘로이만이 그 개에게 마음을 빼앗겨 우정을 쌓기 시작했다.

두 달이 넘도록 콘로이는 최대한 그 개와 많은 시간을 보냈다. 작고 통통한 그 개에게 콘로이는 땅딸보라는 의미의 스터비라는 이름을 지어 주었다.

병사들이 배로 버지니아 주로 이동했다가 최종적으로 유럽의 전장으로 가게 되었을 때, 콘로이는 도저히 스터비를 뒤에 남겨둘 수 없었다. 그는 자신의 회색 군용 코트 안에 스터비를 몰래 숨겨서 배에 올랐다. 콘로이는 미국 역사에 커다란 변화를 일으켰다. 스터비는 오른쪽 앞발을 오른쪽 눈에 갖다 대는 경례 동작으로 콘로이의 동료들과 장교들의 사랑을 한 몸에 받았지만, 스터비는 그런 귀여운 마스코트 이상의 임무를 수행했다. 그는 부대의 당당한 일원이었다.

전쟁터에서 스터비는 독가스 냄새를 탐지해 미군 병사들에게 알리고 많은 생명을 살렸다. 미군 참호에 관한 정보를 수집하려고 침투한 독일 병사를 발견했을 때는 다리를 물고 버틴 채로, 미군 병사들이 현장에 올 때까지 독일 병사를 잡아두기도 했다. 심지어 다친 미군 병사들을 찾아내 구조대가 올 때까지 함께 있어 주기도 했다.

어려운 과거를 가진 작은 유기견이 끔찍한 전쟁의 포화 속에서 그런 일을 수행하기가 쉬울 리가 없다. 하지만 스터비는 그것이 가능함을 보여 주었고, 미군 병사들의 희망의 불빛이 되었다. 제1차 세계대전 동안 유럽의 미군 총사령관이었던 퍼싱 장군은, 용기의 본보기로 스터비에게 금메달을 수여했다.

어려운 과거를 가진 작은 유기견이…
미군 병사들의 희망의 불빛이 되었다.

4 로자 파크스
Rosa Parks

마음을 굳게 먹으면
공포가 줄어든다는 걸
살아가면서 깨달았어요.
해야 할 일이 확실해지는 순간
공포는 사라집니다.

📱 1955년 12월 1일, 앨라배마 주 몽고메리. 조용하고 혼자 있기를 즐기는 젊은 여인 파크스는 지친 상태로 버스의 '백인전용' 좌석에 앉아 있었다. 그로 인해 파크스는 구속되었다. 하지만 그녀는 이러한 인종차별에 반대했고, 결국 미합중국의 부당한 인종차별적 법률이 바뀌었다. 그 덕분에 모두가 평등한 삶을 살게 되었다. 그 후로도 파크스는 건강하고 행복한 삶을 살았으며, 권리획득에 바친 자신의 헌신에 매우 만족해했다.

헛소리!

이게 많은 사람이 성장하면서 들었던 파크스에 대한 이야기이다. 그녀는 인종차별에 반대한 게 아니라 너무 피곤해서 버스의 좌석을 양보하지 않은 조용한 여인일 뿐이라는 것이다. 하지만 정반대로 파크스는 어릴 적부터 강요된 침묵을 거부하는, 용기와 열정을 갖춘 거침없는 투사였다. 나중에 그녀가 말한 대로, 버스에서 좌석을 양보하지 않은 것도 그녀가 이전부터 쭉 머릿속에 그렸던 장면이었다.

"백인 승객이 앉을 수 있도록 자리에서 일어나라는 말을 듣는다면, 꼭 거부하리라고 오래전부터 마음먹었어요."

그녀는 미리 준비되어 있었고, 그때 이미 인권운동가로 활동하고 있었다. 1955년 12월의 그 획기적인 날 이후로도 그녀는 50년 동안 투쟁을 멈추지 않았다.

몽고메리에서 어린 시절을 보낼 때부터 파크스는 다른 사람들과 달랐다. 그녀는 제도에 순응하지 않았고, 아주 어린 나이일 때도 정의

로웠다. 친구들의 말에 의하면 누구도 그녀에게 이래라저래라 함부로 대하지 못했다. 그녀가 그것을 허락하지 않았다. 한 가지 일화가 있는데, 한 백인 남자가 파크스와 그녀의 남동생 실베스터를 놀리고 있었다. 그가 계속해서 둘을 조롱하고 모욕하자 참다못한 파크스는 벽돌을 하나 집어 들었다. 그리고 그 벽돌을 그의 앞으로 내밀었다. 그 남자는 파크스와 그녀의 남동생을 때리기라도 할 것처럼 굴었다. 하지만 그녀가 벽돌을 손에 쥐고 들이밀자 상황이 변했다고 파크스는 말했다.

"저는… 그에게 나를 한번 때려보라고 도발을 했던 거죠. 그러자 그는 생각을 바꾸고 가버렸어요."

> 마음을 굳게 먹으면 공포가 줄어든다는 걸 살아가면서 깨달았어요. 해야 할 일이 확실해지는 순간 공포는 사라집니다.

로자 파크스

중학교에 들어가서도 그녀는 부당한 대우에 거침없이 반응했다. 어느 날 하굣길에, 롤러스케이트를 신은 백인 소년이 엄마를 따라 나란히 파크스와 같은 인도 위에서 마주한 채 다가오고 있었다. 소년은 파크스를 인도에서 밀어내고 싶었지만, 일은 다르게 벌어지고 말았다! 파크스가 겁먹은 채 인도 밖으로 밀려나는 대신에 그 백인 소년을 밀어버렸다. 경악한 소년의 엄마는 파크스에게 감옥에 보내 버리겠다고 협박했다. 파크스의 반응은? 그녀는 남자애가 자신을 밀치려

했기 때문에 정당하게 방어한 것이라고 반박했다.

그녀는 자신을 둘러싼 인종차별적인 사건들과 부당한 법을 경험하면서 성장했다. 그녀는 수많은 아프리카계 미국인들이 위협받고, 학대당하며, 무고하게 죄를 뒤집어쓰고 감옥에 가는 것을 보았고, 식수대와 화장실조차 흑인 전용칸을 쓰도록 강요받는 것을 보았다. 이 모든 것이 파크스의 머릿속에 강한 인상을 남겼고, 그녀는 그러한 불합리한 법 제도와 관행에 대항해서 싸움을 멈추지 않겠다고 결심했다. 피할 수 없는 일이라 믿었고, 정의를 위한 투쟁으로 그녀의 공포도 줄어들었다. 그녀는 나중에 이렇게 말했다.

"마음을 굳게 먹으면 공포가 줄어든다는 걸 살아가면서 깨달았어요. 해야 할 일이 확실해지는 순간 공포는 사라집니다."

파크스는 젊을 때부터 '전미유색인지위향상협회(NAACP)'에서 평등이라는 목표를 이루기 위해 열정적으로 일했다. 버스에서 자리 양보를 거부한 1955년 12월 1일도 그녀는 NAACP에서 서기로 업무를 보았다. 그러나 그 이야기의 뿌리는 12년 전인 1943년으로 거슬러 올라간다.

12년 전 그날, 파크스는 앞문을 통해 버스에 오르고 요금을 냈다. 버스 운전기사인 제임스 블레이크는 파크스에게 버스에서 내려서 중간의 옆문으로 다시 타라고 지시했다. 파크스는 블레이크가 말한 대로 버스에서 내렸다. 하지만 그녀가 다시 타기 전에 버스는 앞문을 닫고 그대로 가버렸다. 그녀는 돈도 돌려받지 못한 채 길모퉁이에 덩그러니 남겨졌다. 몹시 분노한 파크스는 다시는 그 잔인한 남자가 운전하는 버스를 타지 않겠노라 다짐했다.

다시 1955년 12월 1일로 돌아와 보자. 파크스는 버스를 기다리고 있고, 그녀는 피곤하다. 그녀가 육체적으로 피곤한 게 아니다. 전혀 다른 피곤함이었다. 그날에 대해 파크스는 말했다.

"내 유일한 피로는 말이죠, 항상 굴복해야 하는 것에 대한 피로감이었습니다."

그녀는 요금을 내고 버스의 중간 자리에 가서 앉았다. 백인 승객이 올라탔는데 백인 전용 좌석에 빈자리가 없었다. 버스 운전기사가 쿵쿵거리며 파크스가 앉아 있는 곳으로 걸어와 그녀에게 일어날 것을 지시했다. 고개를 들어 버스 운전기사를 본 순간 파크스는 깜짝 놀랐다. 그는 12년 전의 바로 그 버스 운전기사였다. 블레이크가 돌아와서 또다시 부당한 지시를 내리고 있는 것이었다. 이번엔 파크스가 그의 지시를 따르지 않았다.

안 돼.

절대로!

> 내 유일한 피로는 말이죠,
> 항상 굴복해야 하는 것에 대한
> 피로감이었습니다.

로자 파크스

이 용기의 순간은 12년에 걸쳐서 만들어진 것이다. 바로 그 버스 운전기사가 그녀에게 내려서 옆문으로 다시 타라고 지시하고는 요금도 돌려주지 않은 채 떠나 버린, 12년 전에 씨앗이 뿌려진 것이다. 그리고 그 12년 동안 앨라배마 주뿐만 아니라 미국 전역의 아프리카계 미국인들을 둘러싼 불평등한 인종차별과 혐오스러운 법을 양분으로 삼아 파크스의 신념은 무럭무럭 자랐다. 더는 안 돼. 파크스는 굴복하는 데 질렸다. 부당한 대우에 신물이 난 그녀는 번개가 쪼개지듯 큰 소리로, 드럼이 찢어지듯 날카롭게 한 마디를 내뱉었다.

"안 돼."

흑인 여자가 지시를 거부하자 충격을 받은 블레이크는 경찰을 불러서 구속하겠다고 협박했다. 파크스의 대답은 아름답고 선명했다.

"그러시든가."

상상해 보라! 12년 전에 그녀는 이 버스 운전기사에게 거부당했고, 뿌리 깊은 인종차별에 분노하고 패배감을 느꼈다. 이제 파크스는 부당함을 거부할 또 다른 기회를 잡았다. 롤러스케이트를 탄 백인 소년을 밀쳐냈던, 벽돌을 집어 백인 남자의 앞에 내밀었던 어린 시절처럼 용감하게 거부했다. 버스 운전기사의 부당한 행위에 굴복했을 때는 실패했지만, 이번엔 그 실패의 경험을 바탕으로 승리한 것이다.

1955년 12월 5일, 파크스는 구속되었다. 판사는 그녀에게 앨라배마 주의 분리법을 어겼다며 유죄를 선고했다. 대부분 사람이 알고 있는 이야기는 여기까지이다.

하지만 정의를 위한 파크스의 투쟁은 멈추지 않았다. 그녀의 이러한 대응은 1955년 몽고메리 버스보이콧 운동이 벌어지는 기폭제가 되었다. 마틴 루터 킹이라는 젊은 목사가 이끌었던 이 운동은 382일간이나 이어졌다. 그 기간 아프리카계 미국인들은 몽고메리에서 버스를 타되 요금을 내지 않았다. 분리와 불평등이 앨라배마 주의 법이었지만, 그들은 그 법에 따라 흑인 좌석에 앉지 않았고, 백인 좌석에 앉아도 일어서지도 않았다. 버스보이콧 운동은 결국 부당한 법을 폐기하게 했다. 1956년 11월 13일, 몽고메리에서 버스 안 좌석 분리는 불법이 되었다.

파크스와 남편 레이먼드, 그리고 버스보이콧 운동과 평등을 위한 행진에 참여했던 사람들은 끊임없이 살해위협을 받았다. 그들은 말뿐만 아니라 실제로도 공격을 받았다. 법이 바뀌었지만, 버스를 타는 것은 아프리카계 미국인들에겐 여전히 위험할 수 있었다. 잔인하고 부당한 법이 폐기된다고 해서 즉시 존중과 평등의 꽃이 피지 않는다는 것을 파크스는 알고 있었다. 사람들의 마음가짐이 하루아침에 바뀔 리가 없었다. 정의가 꽃피기 위해서는 용기의 씨앗이 계속 뿌리를 내려야만 했다.

파크스와 남편은 미시간 주의 디트로이트로 이사했다. 그곳에서도 파크스는 평등과 정의를 위해 투쟁을 계속했다. 그녀는 하원의원 존 코니어스와 함께 오랫동안 일을 하면서 말콤 X를 비롯한 여러 운동 지도자들에게 감명을 받았다. 그녀는 손에 벽돌을 쥐었던 어린 시절처럼 열정적이고 왕성하게 활동을 하였다. 섣불리 정의를 위한 싸움이 끝났다고 믿지 않았으며, 평등을 쟁취하기 위해 열정을 갖고 투쟁했다. 그것엔 대가가 따르기도 했다. 외로움과 우울증을 견뎌내야만 했다. 하지만 미국이 스스로 평등과 정의를 받아들이고 행동할 것을 요구하며 그녀는 자신의 신념을 위해 계속 싸웠다.

그녀의 이야기는 사람들이 흔히 생각하듯이 1955년의 한순간에 한정된 것이 아니다. 평생 이어진 정의를 위한 투쟁이다. 그리고 파크스는 그 유명했던 날 이전에도 사회가 돌아가는 대로 순응하는 조용한 여자가 아니었다. 파크스는 소녀 시절부터 2005년에 생을 마감할 때까지 인종주의와 차별, 그리고 불평등을 타파하기 위해 평생을 바쳤다.

여러분도 해야 할 일이 있다. 정의에 관한 것이라면, 바로 여러분의 학교에서 온정과 존엄의 목소리를 낼 수가 있다. 누군가 다른 학생을 조롱하거나 괴롭힐 때마다 파크스가 말했던 바로 그 단어를 외쳐라. "안 돼!"라고. 영향력과 권력을 가진 유명한 누군가가 여러분, 혹은 다른 사람들에게 이래라저래라 명령하거든 파크스의 아름다운 말을 외쳐라. 용기의 씨앗은 파크스처럼 여러분의 내면에도 존재한다. 그리고 자신 있게 말할 기회는 언제든지 올 것이다.

사람들은 한순간의 모습으로 여러분을 정의하려고 할지 모르지만, 여러분은 그보다 복잡한 사람이다. 파크스처럼 여러분의 이야기도 어린 시절부터 현재를 거쳐 훨씬 많은 내용을 담을 것이다! 여러분을 단순히 글 한 줄이나 하루의 일과만으로 설명할 수 없다. 여러분은 더 큰 이야기의 일부분이기 때문이다.

그러니 사람들이 여러분을 단정 짓게 하지 마라. 여러분이 누구인지는 전적으로 여러분이 정하는 것이다. 여러분의 이야기를 계속 들려줘라. 여러분의 열정적이고, 용감한 마음의 소리를 따라가라. 설령 여러분이 지칠 때조차도. 여러분 자신에게 솔직하고, 앞으로 나아가라. 나머지는 그 진정성이 해결해 줄 것이다.

겁먹지 않으면… 이룰 수 있다!

텍사스 주 웨스턴 대학의 농구팀인 마이너스는 1965-1966시즌에서 놀라운 기록을 세웠다. 마이너스는 아프리카계 미국인 선수들만 결승전에 내보내서 우승컵을 들어 올린 최초의 팀이었다. 텍사스 웨스턴 대학의 검은 피부의 선수들은 시즌 내내 엄청난 야유와 욕설을 들었지만, 그 모든 것을 이겨냈다.

질리언 린 Gillian Lynne

1930년대 초 영국. 일곱 살짜리 소녀 질리언 린은 어머니와 선생님이 인내심의 한계에 도달하게 했다. 그녀는 한시도 가만히 있지 못했다! 끊임없이 떠들고, 움직이고, 두리번거렸다. 그녀는 집중을 전혀 하지 못했다. 그래서 그녀의 어머니는 딸을 데리고 의사에게 데려갔다. 딸을 도울 방법을 알아보기 위해서였다.

의사는 린이 지나치게 활동적이고, 방을 쉼 없이 둘러보는 모습을 보았다. 의사는 엄마와 밖에 나가 있을 거라고 린에게 말했다. 하지만 나오기 전에 의사는 슬쩍 라디오의 음악방송을 틀어 놓았다. 린은 이렇게 떠올렸다.

"두 사람이 나가자마자 나는 뛰어올랐어요. 의사 선생님의 책상 위로, 책상 밖으로 뛰었지요. 나는 온 방을 휘저으며 춤을 추었어요. 최고로 멋진 시간이었답니다."

의사는 그녀의 행동을 보고 미쳤다거나, 혹은 교육이나 치료가 필요한 것으로 보지 않았다. 그가 보기에 린은 잘못된 딸이거나 학생이 아니었다. 오히려 그녀는 움직여야만 했고, 춤을 춰야만 했다.

린은 후에 런던의 로열 발레단의 발레리나가 되었고, 뉴욕에 있는 브로드웨이의 안무가가 되었다. 그녀는 〈캣츠〉와 〈오페라의 유령〉 같은 위대한 작품의 춤과 동작을 만들었다. 그녀의 안무는 세계적으로 유명하다. 뮤지컬 공연과 춤에 끼친 그녀의 영향은 대단했다. 린은 의사가 해준 말이 자신의 인생을 바꿔놓았다고 말했다. 의사는 그녀의 엄마에게 이렇게 말했다.

"당신의 딸에겐 아무런 문제가 없습니다."

주변을 돌아보고 여러분이 일반적인 기준에 들어맞지 않다는 걸 알았을 때 기분이 나빴던 적이 있는가? 사회는 평균치를 벗어난 것에 대해 잘못됐다는 딱지를 붙이는 경향이 있다. 하지만 평범하지 않다는 것은 곧 남들과 똑같지 않은, 여러분 자신이라는 사실을 증명하는 것이다.

여러분의 몸과 마음이 본능적으로 이끌리는 게 무엇이든 간에, 일반 사람들처럼 평균적인 모습과 똑같지만 않다면 여러분은 실패작이 아니다. 여러분은 훨씬 더 많은 일을 할 수 있고, '평범' 그 이상이 될 수 있다. 그리고 그 현명한 의사가 일곱 살 먹은 린에게 말했듯이, 여러분에겐 아무런 문제가 없다. 여러분은 여러분 자체로 옳다.

5 엘레나 델레 도네
Elena Delle Donne

농구공을 집어 들고
게임을 시작할 때, 다시
농구와 사랑에 빠지리라는 걸
알았어요.

📱 도네는 삶의 방향이나 목표에 흔들림이 없다. 그녀는 살아오면서 한 번도 자신의 꿈과 목표에 의심을 가져본 적이 없다. 도네는 살면서 매 순간, 매일, 매년, 농구만을 사랑했고 여자농구의 살아 있는 전설이다.

도네는 중학교 1학년 때부터 앞으로 대학 농구팀에서 뛰는 조건으로 장학금을 받았다. 자신의 고등학교 농구팀을 4년간 우승으로 이끌었으며, 2008년엔 강팀인 코네티컷 대학의 농구팀 허스키스에 입단하는 조건으로 전액 장학금을 받았다. 그녀는 소속됐던 모든 팀에서 스타였고 경기를 뛸 때마다 득점, 리바운드, 어시스트, 가로채기 등 모든 것에서 상대 팀을 압도했다. 한마디로, 도네는 논란의 여지가 없는 최고의 선수이다.

사실이야!

놀랐지? 그러나 모든 게 사실은 아니다. 앞부분은 엄청난 거짓말이다. 그녀가 이룬 모든 내용이 사실이긴 하다. 하지만 그 성취는 도네의 진정한 여정을 제대로 보여 주지 못하고 있다. 도네가 겨우 중학교 1학년에 처음으로 대학교로부터 장학금을 받았고, 고등학교 농구팀을 4번이나 전국대회에서 우승하게 했고, 코네티컷 대학의 농구팀 허스키스에서 뛰는 조건으로 전액 장학금을 받았지만, 그녀는 꿈을 이루지는 못했다. 최소한 이러한 성취들 때문에 꿈이 이루어진 건 아니라는 말이다.

2008년, 도네가 허스키스에서 훈련을 시작하기 위해 코네티컷 대학의 경기장을 찾았다. 하지만 그녀가 그곳에서 머문 시간은 단 며칠이었다. 농구팀에서 훈련을 못 해서가 아니었다. 다른 이유가 있었다.

놀랄 만한 집중력과 열정으로 최고의 농구선수가 되겠다는 꿈을 좇아 자나 깨나 농구만을 하며 살아왔지만, 도네는 지쳐 있었다. 그녀는 진이 다 빠졌고, 농구를 향한 열정은 완전히 말라버렸다. 그 시절에 대해 그녀는 이렇게 말했다.

"솔직히 말하면, 제가 자신을 혹사했죠… 저는 고등학교 졸업 후 1년 동안 경기를 포기했어요. 농구를 아예 멀리했어요…"

도네는 어린 시절 내내 아침 일찍 일어나서 달리기와 농구연습을 하고 학교에 갔다. 방과 후에는 농구팀에서 경기하고 그 뒤에도 혼자 농구연습을 더 했다. 그녀는 농구에 완전히 몰입했고, 농구는 그녀의 삶이나 마찬가지였다. 도네는 일곱 살 때 이미 열한 살짜리 남자아이들의 팀에서 뛰고 있었다. 하지만 끊임없는 훈련과 성공에 대한 압박은 그녀를 서서히 지치게 했다.

그 끝은 무엇이었을까?

놀랍게도 도네는 농구를 그만두기로 했다.

맹렬함을 잃지 마라!

1993년, 모니카 셀레스는 세계 최고의 여자테니스 선수였다. 그때 비극이 찾아왔다. 독일에서 열린 경기의 휴식시간에 귄터 파르헤라는 남자가 그녀의 등을 칼로 찔렀다. 셀레스는 충격과 공포로 회복에 2년이나 걸렸다. 하지만 복귀 후에 또 한 번의 메이저 대회에서 우승했고, 올림픽에서 동메달을 목에 걸었다. 그녀는 상처가 자신을 부수도록 내버려 두지 않았다.

그녀는 농구 코트를 떠나며 허스키스의 감독인 지노 오리에마에게 장학금을 해지했다고 알렸다. 그리고 집 근처에 있는 댈러웨이 대학에 입학했다. 도네는 농구를 그만뒀지만, 운동을 쉬지는 않았다. 댈러웨이 대학에서 그녀는 농구 대신 배구를 하기로 했다. 배구팀에 합류하는 것은 도네에게 새로운 출발이자 또 다른 미래였다. 그녀는 배구를 배우고 친구들과 사귀면서 성공에 대한 압박과 스트레스에서 벗어날 수 있었다. 그때의 결정에 대해 도네는 이렇게 말했다.

"지금 나는 행복해… 그러니 내가 지금 즐기는 것을 계속할 거야."

그녀는 새로운 열정을 따라가기로, 세상과 자신의 가족을 깜짝 놀라게 만들기로 했다.

엘레나
델레 도네

솔직히 말하면, 제가 자신을 혹사했죠…
저는 고등학교 졸업 후 1년 동안 경기를
포기했어요. 농구를 아예 멀리했어요….

때로 우리는 실패에 압도당하기 전에 미리 어떤 종류의 실수를 선택하기도 한다. 성공에 대한 압박이 너무 커서 더는 견딜 수 없다고 느낀 적이 있는가? 그 압박은 완벽하고자 하는 압박일 수도 있고, 팀을 우승으로 이끌어야 한다는 압박일 수도 있다(여러분이 책임져야 하는 게 아닌데도!). 아니면 부모님의 이혼을 막아야 한다는 압박일 수도 있다. 어떤 압박이든 여러분이 그 압박을 없애야만 한다고 느낄 때, 원래 품었던 열정이 사라져 버린 것을 알게 될 수도 있다. 원래 가졌던 기쁨은 사라지고, 여러분은 공허하고 탈진한 채로 쓰러진다.

도네가 경험했던 거대한 압박이 바로 이것이다. 그 압박은 결국 그녀가 품고 있던 농구의 기쁨을 부숴 버렸다. 기쁨과 열정이 사라진 농구에 억지로 매달리는 대신에 그녀는 농구를 그만두었다. 농구 코트를 떠났고, 장학금도 반납했으며, 허스키스의 이름으로 쥘 수 있을지도 모를 전국대회 우승컵도 포기했다. 자신의 삶에 다시 생기를 불어넣을 것으로, 도네는 배구를 선택했고 완전히 다른 도전을 시작했다.

용기란 때로 사회가 실패라고 규정한 것을 선택할 수 있음을 의미한다. 용기는 사회가 우리를 배척할 때만 필요한 것이 아니라, 우리 스스로가 성공에 관한 좁은 개념에 끌려다니기를 멈춰야 할 때도 필요하다. 우리가 자신의 본능을 따를 때 우리는 삶의 기쁨을 다시 찾을 수 있다.

만일 학교 과제물마다 항상 A를 맞아야만 한다고 생각하고 있으면, 잠시 숨을 고르고 A가 없어도 괜찮은지 생각해 봐야 한다. 만일 매일 수많은 활동과 과제, 팀이나 동아리 일을 하지 않으면 꿈을 좇는 길에서 벗어날지도 모른다고 생각하고 있는가? 그렇다면 한 발 뒤로 물러나서 숨을 깊게 들이쉴 때다.

혼자서 댄스파티를 열어라.

요가 동작을 몇 가지 해 보라.

여러분의 개와 놀아 줘라.

웃어라.

새로 나온 농담을 배워라.

여러분이 주인공이 아닌 새로운 운동을 시작해라.

여러분의 능력을 뽑아내는, 그러면서도 A를 얻기 힘든 새 과목을 신청해라.

여러분의 꿈이 여러분을 어른으로 만드는 동안에도, 아이가 되는 게 무슨 의미인지 되새겨라.

도네는 자신의 마음을 돌아보고 균형을 되찾는 데 1년을 보냈다. 그녀는 농구화를 벗었고, 전국대회 우승의 환영도 밀어내고 다시 한 번 기쁨을 찾는 데 집중했다.

그랬더니 흥미로운 일이 일어났다. 농구를 향한 그녀의 열정이 되돌아온 것이다. 이별한 지 1년 만에 다시 농구와 사랑에 빠졌다. 하지만 완전히 새로운 사랑이었다.

"농구공을 집어 들고 게임을 시작할 때, 다시 농구와 사랑에 빠지리라는 걸 알았어요."

용기를 가져라, 너무 따지지 말고!

매직 존슨과 래리 버드는 농구의 전설이다. 두 사람의 농구 인생은 우승을 다퉈야 하는 라이벌로 시작했다. 하지만 둘은 곧 떼려야 뗄 수 없는 친구가 되었다. 비록 이기려면 다른 한 사람은 패배하지만, 둘은 패배가 끝이 아님을 입증했다. 그 덕분에 다음 경기에서 이기기 위해 놀라운 경기력을 선보일 수 있었다.

새롭게 발견한 기쁨은 도네를 농구 코트로 돌려보냈다. 그녀는 2015년 미국 여자프로농구에서 최우수선수상을 받았고, 2016년 리우올림픽에서 미국 국가대표팀으로 금메달을 목에 걸었다.

> 농구공을 집어 들고 게임을 시작할 때,
> 다시 농구와 사랑에 빠지리라는 걸 알았어요.

엘레나
델레 도네

여러분이 꿈에 다가갈 때 여러분 앞에 쉽고 편한 길이 펼쳐지지 않는다. 대부분은 외부로부터 실패가 닥쳐온다. 팀에서 내쳐지거나, 역할에서 제외되거나, 혹은 성적이 잘 나오지 않을 수도 있다. 여러분은 꿈을 이루는 과정에서 남들의 판단에 따라서 자신을 실패자로 볼 수도 있다. 여러분이 성공에 대한 압박으로 지쳐서 포기하고 싶은 순간이 온다면, 자신의 본능을 믿어라. 그러면 여러분은 진정한 성공의 핵심이 무엇인지 깨닫게 될 것이다(남의 눈으로 자신을 판단해서는 안 된다는 것).

도네는 자신만의 길을 만들어 놀라운 성공을 거두었다. 누구도 그녀에게 그 길로 가라고 가르쳐 주지 않았다. 하지만 결국 그녀는 진정한 기쁨을 안고 그곳에 도달했다.

여러분도 그녀처럼 할 수 있다.

엘렌 드제너러스 Ellen DeGeneres

엘렌 드제너러스는 현재 유명한 토크쇼 진행자이자 코미디언이다. 고등학교를 졸업했을 때 그녀는 장래에 무엇을 하고 싶은지 알지 못했다. 강한 지향점도 없었고, 마음을 송두리째 빼앗는 커다란 꿈을 향한 욕망도 없었다. 오히려 그녀는 여러 직업을 탐색하듯 전전했다. 이것이 아니다 싶으면 다른 일을 찾았다. 드제너러스는 자신이 가졌던 직업 중 일부의 목록을 작성했다.

"굴 껍데기도 깠었고, 식당 안내원, 바텐더, 식당 종업원도 했다가, 집에 페인트칠도 했고, 진공청소기도 팔았어요."

운 좋게도 온갖 것들을 하다 보니 흐릿한 미래가 점점 선명해지기 시작했다. 재앙이 닥치기 전까지는. 그녀가 열아홉 살이었을 때 친한 친구가 교통사고로 목숨을 잃었다.

슬픔과 고통, 그리고 혼란의 소용돌이 속에서 드제너러스는 글을 쓰기 시작했다. 그녀는 마음속에 있는 모든 물음을 써 내려갔는데, 완성된 것은 절망적인 내용도, 용기를 북돋는 시도, 긴 회고록이 아니었다. 그건 신과 통화를 하는 코미디 대본이었다. 대본 속에서 드제너러스는 신에게 온갖 질문을 퍼부었고, 질문이 진행될수록 이야기는 재밌어졌다.

문득 드제너러스에게 목표와 욕망이 생겼다. 자니 카슨의 〈투나잇 쇼〉에서 고정 코너를 딸 것이다! 그녀의 말을 빌리면 이렇다.

　"자니 카슨의 책상 바로 옆자리에 앉도록 요청받은 최초의 여성 코미디언이 될 거야. 그리고 몇 년 뒤, 저는 제가 썼던 신과의 통화로 인해 그 쇼의 역사상 카슨의 옆자리에 앉은 최초이자 유일한 여성 코미디언이 되었습니다."

　여러분이 의심하든 말든 드제너러스는 성공했지만, 그 이후 그녀의 경력이 계속 성공적인 것은 아니었다. 힘든 시기를 거치면서 그녀는 더 강한 모습으로 헤쳐 나왔다. 지금 그녀는 매일 진행하는 자신의 토크쇼를 통해 카리스마와 에너지, 그리고 희망과 인내심에 대한 믿음을 보여 주고 있다. 무엇보다 그녀는 못 말리게 재미있고 관객에게 끊임없이 웃음을 준다!

"굴 껍데기도 깠었고, 식당 안내원, 바텐더, 식당 종업원도 했다가, 집에 페인트칠도 했고, 진공청소기도 팔았어요."

6 옴 프라카쉬 구자르
Om Prakash Gurjar

난생처음
내 눈으로 보고 깨달았어요.
그곳에선 아이들의 목소리를 들어주고,
의견을 고려해주며, 그 의견을
반영해서 결정을 내렸어요.

📱 어려운 아동을 변호하고 구하기 위해서, 구자르는 인도에서 가장 똑똑한 학생들만 들어오는 학교에 입학했다. 그의 집안은 부유했고, 그가 하고자 원하는 건 모두 도와주었다. 그는 모든 국제법과 아동의 권리를 위한 유엔 결의안을 배웠고, 그것을 자신의 생활에 곧바로 적용할 수 있었다. 구자르가 부당한 노동조건 아래에서 고생하고 있는 어린이들을 구하러 갔을 때 어떠한 저항도 실패도 경험하지 않았다. 그는 사회를 빠르게 변화시킬 수 있었다.

명백한 거짓말인 거 알지?

맞다. 구자르의 어린 시절은 훨씬 더 참혹했다. 공포와 절망으로 가득했지만, 희망과 용기도 있었다.

여러분과 나는 다섯 살 때 무엇을 했을까?

코네티컷 주의 윈저에 있는 고향 집에 갈 때마다 나는 지금도 오래된 장난감을 찾고, 낡은 가족 앨범을 보며 추억에 잠긴다. 그중엔 내가 가장 좋아했던 TV 애니메이션인 〈썬더캣츠〉의 주인공 장난감과 함께 찍은 사진도 있다. 형과 친구 들과 함께 눈 속에서 커다란 요새를 짓고 있는 사진도 있다. 그리고 내가 좋아했던 책들도 아직 찾을 수 있다. 그중에서도 눈에 띄는 건 『침대 끝의 유령과 무서운 이야기들』이라는 유치한 귀신 이야기를 모아 놓은 책인데, 세월이 흐르기도 했고 워낙 손때도 많이 타서 표지가 거의 다 헤졌다.

아마 여러분도 다섯 살로 돌아가면 나와 유사한 장난감과 추억 속에 묻힐 것이다. 하지만 인도 라자스탄 주의 드와라푸르 마을에서 자란 구자르의 삶은 극단적으로 달랐다.

다섯 살 때 구자르는 지주에게 넘겨졌다. 그의 부모님이 지주에게 빌린 돈을 갚지 못했기 때문이었다. 결국 빌린 돈을 다 갚기 위해서 부모님과 자식들은 지주의 밑에서 일을 해야만 했다. 소위 담보노동이라는 것이었다. 하루 8시간에서 10시간씩, 때로는 그 이상 구자르는 지주의 농장에서 가축과 작물을 돌보는 일을 해야 했다. 그 일은 어른의 기준으로도 중노동이었다.

학교나 유치원에서 공부하고 있어야 할 나이에 극심한 통증으로 경련이 올 때까지 일해야만 하다니! 그렇게 일하고도 더 일해야만 했다. 장난감을 갖고 놀거나 책을 읽는 것은 꿈도 못 꾼 채, 구자르는 자신의 운명은 일을 열심히 해서 지주가 돈을 벌 수 있도록 하는 것이라 믿었다. 그는 사람이 아니라 물건으로 취급을 받았다. 사람이 아닌 노예였다.

그토록 지독한 조건을 견뎌내면서 구자르는 처음엔 자신이 왜 온종일 극한의 노동을 해야만 하는지 이해할 수 없었다. 후에 그는 이렇게 썼다.

"왜 강제로 노동을 해야 하는지 이해할 수 없었어요. 다섯 살 때, 지주의 농장에서 동물과 작물을 돌보면서 왜 다른 아이들처럼 학교에 갈 수 없는지 끊임없이 자신에게 물었지요."

아침이 되면 다른 아이들은 즐겁게 학교로 가지만, 여러분은 힘든 노동으로 고통받고 공포에 젖은 채 하루를 시작한다. 이런 어려운 상황을 상상해 보라.

구자르는 이 생활을 3년 동안 했다. 다섯 살부터 여덟 살까지, 지주의 농장에서 쉬는 날 없이 매일 일해야만 했다. 그는 작은 어린아이에 불과한데 인생의 거의 절반을 노동에 빼앗긴 것이다. 그는 그것이 자신의 운명이자 삶의 이유라고 믿기 시작했다. 그는 자신의 어린 시절뿐 아니라 놀이와 기쁨에 대한 기억도 빠르게 잃고 있었다. 그는 자신을 이용하고 무엇이든 짜내려는 사람들의 소유물이 되었다.

옴 프라카쉬
구자르

왜 강제로 노동을 해야 하는지 이해할 수 없었어요. 다섯 살 때, 지주의 농장에서 동물과 작물을 돌보면서 왜 다른 아이들처럼 학교에 갈 수 없는지 끊임없이 자신에게 물었지요.

그즈음 이 극심한 비극에 전환점이 찾아왔다. 구자르가 아동 구호단체를 만난 것이다. 그 단체는 가능한 한 많은 마을을 방문해서 부모님과 아이들에게 그들의 권리를 알려주고 담보노동에 묶여 있는 아이들을 자유롭게 하려고 했다. 강요된 중노동이 가족들의 빚을 갚는 유일한 길이라고 믿는 사람들에게 아동 구호단체의 활동가들은, 이미 전 세계적으로 아동을 보호하기 위해 시행 중인 법을 가르쳐 주었다.

10여 년 전에 유엔은 아동 인권을 지키기 위한 국제법을 검토했다.

겁먹지 않으면… 이룰 수 있다!

엄청난 시련과 노골적인 폭력의 위협 속에서도 6명의 십 대 아프가니스탄 소녀들은 미국 워싱턴에서 열릴 국제 로봇경진대회에 참여하기 위해 모였다. 이 팀을 후원한 사람은 아프가니스탄 첨단산업분야의 최초 여성 최고경영자(CEO)인 로야 마부브였다. 슬프게도 미국 국무부가 비자 발급을 거절해서 소녀들은 대회에 참여할 수 없었다. 하지만 소녀들은 대회장에 자신들의 로봇을 보내 경연에 참여함을 밝혔다.

'아동 인권회의'에서 어린이의 노동은 전 세계적으로 불법으로 규정되었다. 구자르는 그 사실을 모르는 수많은 어린이 중 하나였다. 그의 부모님도 마찬가지로 아동보호법의 존재를 모르고 있었다.

활동가들은 구자르와 부모님, 그리고 지주를 끊임없이 설득했다. 2002년, 그들은 그를 담보노동으로부터 구출하는 데 성공했다. 그 후에 구자르가 마주친 삶은 기적 같은 것이었다. 그는 발 아슈람이라고 불리는 재활센터에 갈 수 있었다. 그는 그곳에 도착했던 기억을 이렇게 적었다.

"발 아슈람에 도착하자마자 아동의 인권이 무엇인지 알 수 있었어요. 난생처음 내 눈으로 보고 깨달았어요. 그곳에선 아이들의 목소리를 들어주고, 의견을 고려해주며, 그 의견을 반영해서 결정을 내렸어요."

그는 자신이 부당한 제도로 인한 상처들을 극복할 수 있는 곳에 와 있음을 알았다. 그는 자신이 존중과 호의를 받아 마땅하고, 성장하며 배울 자유가 있음을 알게 되었다.

구자르는 이 좋은 기회를 자기 혼자만 누리고 싶지 않았다. 그는 인권에 관한 경험과 지식을 마을과 사회를 변화시키는 데 사용하였다. 드와르푸르에 돌아온 구자르는 지역의 공립학교에서 학생 1인당 약 100루피 정도의 수업료를 받는 것을 알았다. 그 때문에 아이들을 학교에 보내지 못하는 부모님들이 있었다. 그는 드와르푸르와 라자스탄 주의 교육 제도에 문제가 없는지 조사한 후, 공교육은 무료여야만 된다는 사실을 알아냈다. 구자르는 자신의 사건을 법정으로 가져가서 승리했다. 덕분에 더 많은 어린이가 수업료를 내지 않고 학교에 다닐 수 있었다. 그 지역의 부모님과 어린이들은 교육이 소수 특권층의 전유물이 아닌, 모든 사람의 기본 권리임을 이해하고 주장하기 시작했다.

구자르는 거기서 멈추지 않았다. 아동 구호단체의 활동가들과 함께 그의 고향에서 아직 담보노동으로 고통받는 아이들을, 과거에 자신이 풀려났던 것처럼 구조했다. 구자르는 또한 그 아이들이 학교에 다닐 수 있는 권리를 위해서도 투쟁했고, 지금은 수백 명의 어린이가 노동 착취로부터 구조되었을 뿐 아니라 학교도 다니기 시작했다.

사회의 부당한 면을 보면 우리는 어떻게 반응하는가? 처음부터 불평등이 존재하지 않았기를 희망한다. 혹은 모든 사람이 주변을 살펴보고는 서로를 보살피는 사회였기를 바랄지도 모른다. 하지만 이것은 우리가 실행에 옮기지 않으면 그저 꿈일 뿐이다.

구자르는 사회의 부당함과 정면으로 맞닥뜨렸고, 다른 사람들의 용기에 힘을 얻어 그 부당함에서 벗어났다. 그리고 그는 다른 아이들도 구조하자는 기념비적인 결심을 했다. 자신의 경험을 들려주고, 담보노동에 묶여 있는 아이들을 직접 구조하면서 구자르는 세상을 변화시키고 있다. 한 번에 한 아이씩 구조하면서, 그는 아동의 인권이 당연히 존중받고 보호받는 사회를 만들기 위해 노력하고 있다.

여러분의 학교에서 여러분도 이와 유사한 일을 할 수 있지 않을까? 어쩌면 여러분은 담보노동이라는 말을 처음 들어 봤을 수도 있다. 여러분이 더 깊이 알아보면 구자르를 구조했던 아동 구호단체와 같은 단체를 지원할 방법을 찾을 수도 있지 않을까?

혹시 여러분의 학교에 다른 형태로 '갇히거나', '묶여 있는' 사람은 없는가? 타인의 강요로 인해 자신이 원치 않는 일을 하는 학생일 수도 있다. 어쩌면 남자는 감정을 드러내지 말아야 한다는 말을 항상 듣는 소년일 수도 있다. 혹은 아무리 노력해도 연예인 같은 몸매에 다다를 수 없다고 느끼는 소녀일 수도 있다(원래 불가능한 것이다). 또는 쓸쓸히 앉아 누군가 다가오기를 바라는 사람일 수도 있다. 자신의 삶은 가치가 없으며 삶의 의미가 뭔지도 모르는 사람일 수도 있다.

이런 사람들은 여러분과 나를 원하고 있다.

이런 사람들은 우리 모두에게 작은 용기를 보여 주길 바란다(여러분도 이 학생 중 하나일 수도 있다). 말을 걸고 옆에 앉아 주기를 바란다. 남자라고 용감하거나 사나울 필요가 없으며, 여자라고 해서 불가능하고 무의미한 미의 기준을 따라갈 필요가 없다는 걸 솔선수범해서 보여 주기를 바란다.

주변에 힘든 상황에 부닥친 친구가 있다면 믿을 수 있는 어른에게 말하라. 만일 그게 여러분이면 도움을 요청하라. 그리고 다른 사람들도 여러분의 얘기를 듣고, 여러분을 사랑하며, 여러분을 도우려 한다는 것을 믿어라.

부당한 사회는 구자르를 고통스러운 방법으로 망가뜨렸다. 하지만 담보노동으로부터 해방된 구자르는 다른 아이들을 돕기로 했다. 그는 우리에게 타인을 배려하는 것이 무엇인지, 타인의 권리를 위해서 싸우는 것이 무엇인지 보여 준다.

2006년, 전 세계는 구자르의 끝없는 용기에 주목했다. 그는 14살의 나이에 국제아동평화상을 수상했다. 지금도 그는 아동 노동자들을 구조하고 아동 인권에 대한 지역사회와 세계의 인식을 끌어올리기 위해 싸우고 있다. 구자르는 실패와 정면으로 맞닥뜨렸으나 희망을 품고 싸웠다.

그리고 그는 이겼다.

굽히지 않는 용기를 가져라!

파키스탄의 이크발 마시는 어릴 때부터 강제로 공장에서 일해야만 했고, 결국 거기서 도망쳤다. 하지만 비슷한 처지에 있는 어린이들을 외면하지 않았다. 그는 1990년대 초에 공장에서 강제로 일하는 3천여 명의 어린이들을 구조하는 데에 큰 역할을 했다. 마시는 비극적이게도 열두 살의 나이에 총에 맞아 숨졌지만, 너무도 짧은 생애에도 불구하고 그가 남긴 용기의 유산은 영원할 것이다.

살바도르 카스트로 Salvador Castro

1968년, 로스앤젤레스에서는 공립학교에 다니는 멕시코계 미국인 학생들이 백인들과 동등한 대우를 요구하고 나섰다. 그들은 자신들의 문화를 공부하길 원했고, 상급과정도 배우고, 다른 학생들처럼 대학에 갈 수 있기를 원했다. 그러나 미국의 공립학교 제도에는 백인을 제외한 다른 인종들에 대한 광범위한 규모의 차별과 억압이 있었다. 멕시코계 미국인 학생들은 교내에서 스페인어를 사용할 수 없었다. 그뿐 아니라 그들은 상급과정을 배울 수 없었고, 대학에 진학할 수도 없었으며, 멕시코계 미국인들에 관한 역사를 배울 수 있는 수업도 학교엔 없었다.

멕시코계 미국인인 살바도르 카스트로는 당시 공립학교의 사회 선생님이었는데, 직접 부당한 것들을 목격한 그는 더는 참을 수 없었다. 그래서 그는 학생들이 부당한 대우에 조직적으로 저항하도록 도왔다.

결과가 어땠을까? 제도가 근본적으로 바뀌는 대신 카스트로는 구속되고, 범죄혐의로 기소되었다. 자신들의 권리를 위해 싸울 수 있도록 학생들에게 힘을 실어 주려는 카스트로의 희망은 완전히 무너졌다. 감방에 갇힌 상태에서 그는 어떻게 학생들이 정의를 향해 나아가게 할 수 있었을까?

하지만 이 실패는 끝이 아니었다. 카스트로는 멕시코계 미국인들에게도 평등한 교육 기회를 보장하라고 계속 부르짖었고, 얼마 안 있어 경찰은 그에 대한 기소를 취하했다. 그는 복직했으며, 후에는 교육행정가가 되었다.

오늘날 로스앤젤레스의 한 공립학교에는 그의 이름이 들어가 있다. 살바도르 카스트로 중학교는, 정의로운 일이 잠시 실패하더라도 언젠가는 성공한다는 것을 늘 상기시키는 상징물이다.

카스트로는 학생들의 동등한 권리와 기회를 위해 계속 싸웠고, 학교는 치명적인 실패처럼 보였던 것을 성공으로 이끈 그의 의지에 경의를 표하고 있다.

치명적인 실패처럼 보였던 것을
성공으로 이끈 그의 의지에
경의를 표하고 있다.

7 에릭 와이헨메이어
Erik Weihenmayer

사람들은 계속
내 삶에서 나를 제외하려 했어요.
만일 내가 당신에게 똑같이 한다면,
난 얼마나 위선적인 인간이 될까요?

와이헨메이어는 네 살 때 서서히 시력을 잃어 가는 희소병에 걸렸다. '연소망막층간분리'라는 그 병은 10년 후 그의 삶에 큰 시련을 주게 될 것이었다. 열세 살이 되었을 때 그는 실명진단을 받았다. 주변 사람들은 앞으로 큰 도전이나 위험한 일은 시도하지 말라고 조언했고, 그는 그들의 말을 들었다. 나중에 와이헨메이어가 세계최고봉을 등반하겠다는 일생일대의 도전을 발표했을 때에도, 전문가들은 어리석고 불가능한 도전이라고 경고했다. 그래서 그는 그들의 걱정을 받아들여서 도전을 포기했다. 빙하로 뒤덮인 에베레스트를 오르는 대신에 그는 소파에서 감자 칩을 던져 입으로 받아먹으며 푹 쉬었다. 어떤 새로운 도전도 하지 않은 채 자신의 남은 삶을 보냈다.

그럴 리가!

열세 살이 되었을 때 와이헨메이어는 시력을 완전히 잃었다. 하지만 그 순간은 정반대의 방식으로 그에게 자유를 주었다. 와이헨메이어는 어린 시절에 운동이나 격한 활동을 할 수 없었다. 잘못하면 남은 시력을 더 빨리 잃을 수도 있다고 의사들이 경고했기 때문이었다. 그래서 정말 남들과 함께하고 싶은 육체적인 도전을 아예 시도조차 할 수 없었다.

그런데 시력을 완전히 잃어버리자, 시력을 잃는다는 것에 대한 공포도 같이 사라졌다. 새로운 세계의 문이 열린 것이다. 와이헨메이어는 그 세계에 뛰어들 기회를 움켜잡았고, 매번 공포를 부추기는 전문가들이 틀렸음을 입증했다.

우선, 와이헨메이어는 고등학교 레슬링부에 들어갔다. 엄청난 노력으로 그는 전미 청소년 레슬링 자유형 선수권대회에 진출했다. 그리고 그는 보스턴 대학을 졸업하고, 애리조나 주에 있는 피닉스 초등학교에서 5학년에게 영어와 수학을 가르쳤다.

그리고 그는 시간이 날 때마다 암벽을 등반하고, 거대한 산과 계곡에 도전했다. 친구들과 지지자들로 이루어진 팀과 함께 와이헨메이어는 벼랑과 숲길, 강, 그리고 시각장애인에게는 도저히 불가능해 보이는 높은 산을 올랐다(와이헨메이어와 그의 팀이 함께했던 놀라운 활동을 보고 싶다면, 다음 주소에서 편집 영상을 볼 수 있다. youtu.be/QSknRbNwsvk). 그는 북미에서 가장 높은 데날리 산의 정상에도 올랐다. 알래스카 주의 데날리 국립공원에 있는 그 산의 높이는 6,194 미터나 된다.

와이헨메이어는 주변 사람들이 불가능하다고 믿었던 어려운 도전에 성공했다. 그가 거기에 만족하고 도전을 멈추기로 했을까?

아니다.

아마 여러분은 어떤 사람이 되고 싶은지, 어떤 업적을 쌓고 싶은

절망에서 정상으로!

환경운동가인 존 뮤어가 연방정부를 설득해서 캘리포니아 주에 있는 요세미티를 국립공원으로 지정하는 데 17년이나 걸렸다. 그가 포기하지 않았기 때문에 인류와 동식물들에 수 세대에 걸쳐 전해질 서식지와 기념비적인 풍경들이 보전되고 있다.

지, 그리고 살면서 어떤 꿈에 도전할지 고민해 봤을 것이다. 그중 일부는 미친 소리처럼 들리거나 어리석어 보일 수도 있다. 여러분 주변에는 여러분의 꿈이 얼마나 우스꽝스러운지 쉬지 않고 알려줄 전문가들이 넘쳐난다.

에릭 와이헨메이어

> 많은 전문가가 내게 등반은 크게 잘못된 결정이며 재앙을 초래할 것이라고 말했지요.

와이헨메이어가 새로운 도전을 발표할 때도 그랬다. 시력에 아무런 문제가 없는 산악전문가들에게도 엄청난 도전인, 세계에서 가장 높은 에베레스트의 등반계획을 발표한 것이다. 8,848미터 높이의 에베레스트에 오르다가 265명이 넘는 산악인이 죽었으며, 약 4천 명만이 그 거인의 꼭대기에 올라설 수 있었다. 하지만 그 어떠한 어려움도 와이헨메이어를 막을 수는 없었다. 또한 그 도전이 얼마나 위험하고 죽을 확률이 높은지 쏟아졌던 수많은 말도, 그를 막지 못했다. 와이헨메이어는 말했다.

"많은 전문가가 내게 등반은 크게 잘못된 결정이며, 재앙을 초래할 것이라고 말했지요."

와이헨메이어는 그들의 충고를 따르지 않았다. 대신에 자신의 앞에 드리운 실패와 재앙, 그리고 어떤 것이라도 감수할 준비가 되어 있었다. 그는 시각장애인이 되고 나서야 자신의 두려움과 맞서고, 다른 사람들의 편견에 도전할 수 있었다. 무슨 일이 있더라도 그는 자신의 한계를 시험하는 일을 계속하기로 했다.

하지만 에베레스트의 정상에 도전하려면 먼저 팀을 구성하고 훈련이 필요했다. 그래서 와이헨메이어는 2000년에 팀을 구성하고, 히말라야 산맥의 아마다블람 산에 먼저 도전했다. 아마다블람이 에베레스트보다 작은 산이지만 6,856미터나 솟아 있는 정상에 도달하기는 절대 쉬운 일이 아니다. 와이헨메이어와 그의 팀은 아마다블람의 정상에 도달하는 동안 서로의 강점과 약점을 이해하고, 최후의 목표인 에베레스트에 도전할 준비를 마칠 수 있기를 희망했다.

하지만 일이 계획대로 풀리지 않았다. 아마다블람의 정상에 오르려는 시도는 급작스러운 날씨 변화로 무산되었다. 와이헨메이어는 후에 이렇게 썼다.

"비록 정상이 코앞이었지만 우린 후퇴하기로 했어요."

정상을 코앞에 두면 누구나 오르고 싶어서 안달이 난다. 하지만 팀은 날씨 변화로 위험한 상황이 발생할 수도 있기에 그때는 실패를 받아들였다. 하지만 그걸로 끝이 아니었다.

그들이 산에서 내려가는 중에 팀원인 에릭 알렉산더가 45미터를 추락해 심각한 부상을 당했다. 거기다 폐 안에 액체가 차는 폐부종도 생겼다. 그는 8개월 동안 폐부종에 맞서 싸웠다. 알렉산더는 에베레스트 정상에 오르는 도전에서 빠져야 할 것 같다고 와이헨메이어에게 말했다.

회복하고 다시 일어나라!

1996년, 벡 웨더스는 에베레스트 등반 도중에 생존할 수 없다고 여겨져 그대로 방치되었다. 그는 저체온증과 동상으로 거의 체력이 바닥난 상태로 밤을 넘겨야 했다. 다음날 그는 정신력만 가지고 겨우 걷기 시작했다. 캠프에 있던 동료들은 그가 살아 있는 상태로 걸어와 자신들의 품에 쓰러졌을 때 경악을 했다. 그의 이야기는 나중에 『죽음에의 방치: 에베레스트에서 집으로의 여정』이라는 제목으로 출판됐고, 2015년에 〈에베레스트〉라는 제목의 영화로 개봉됐다.

와이헨메이어의 대답은? 시각장애인인 자신을 향해 다른 사람들이 이제 그만두라고 말렸을 때마다 자신에게 했던 답변과 똑같았다.

"사람들은 계속 내 삶에서 나를 제외하려 했어요. 만일 내가 당신에게 똑같이 한다면, 난 얼마나 위선적인 인간이 될까요?"

그는 자신이 제외된 역사를 잘 알기에 자기 자신을 믿고 지지가 필요한 누군가를 제외할 수 없었다.

결국 알렉산더는 에베레스트 등반에 합류했지만, 그의 부상과 고통이 정상을 향한 팀의 여정에 큰 타격을 줄 수도 있었다. 와이헨메이어는 이렇게 말했다.

"놀랍게도 우리는 좌절하지 않았어요. 오히려 그 위기가 진정한 팀으로 거듭나도록 우리를 자극했습니다."

팀은 하나가 되는 법을 배웠고, 서로 깊이 돌봤으며, 아마다블람의 실패 후 8개월 동안 최적의 상태를 유지할 수 있었다. 실패를 통해 지혜를 얻었고, 에베레스트 정상을 향해 필요한 경험을 얻었다.

2001년 5월 25일, 와이헨메이어는 에베레스트 정상에 올랐다. 그는 8,848미터 높이에 서서 하늘을 만졌다. 아마다블람의 실패는 그를 막지 못했고, 전문가들의 충고와 그의 꿈을 조롱했던 회의론자들도 그를 막지 못했다. 와이헨메이어는 자신의 내면에 있는 것을 확인해야만 했다. 그리고 그 물음에 대한 대답이 설령 실패이거나 그보다 더할지라도 두려워하지 않았다. 그 모든 것을 감수했기에 와이헨메이어의 성공이 더욱 감동적이다.

> 사람들은 계속 내 삶에서 나를 제외하려 했어요. 만일 내가 당신에게 똑같이 한다면, 난 얼마나 위선적인 인간이 될까요?

에릭
와이헨메이어

8,848미터 높이의 거인을 오르겠다는 꿈은 아니더라도, 여러분의 삶에는 또 다른 산이 있을 것이다. 여러분의 내부에 이런 질문을 불러일으키는 도전이 있다.

세상에 어떻게 나의 흔적을 남길 것인가?

이 도전은 남들이 멋지다고 생각하는 목표이거나 세상에 내놓고 싶은 발명일 수도 있다. 멋진 소설을 쓰거나 널리 울려 퍼지는 시일 수도 있다. 구내식당에 홀로 앉아 여러분이 용기를 내서 자신의 옆에 앉아 주기를 바라는 친구일 수도 있다. 그 도전이 무엇이든, 에베레스트가 와이헨메이어를 불렀듯이 여러분을 부르고 있다.

어떤 이들은 여러분의 도전을 어리석다고 말할 수도 있다. 조금 더 아는 것이 많거나 지식을 가진 전문가는, 여러분의 도전이 불가능하다고 말할 수도 있다. 하지만 여러분은 실패를 두려워하지 않는다. 그렇지 않은가? 실패가 성공으로 가는 길에 꼭 필요한 과정이라는 사실을 여러분은 알고 있다. 실패란 우리가 어떻게 만들어졌고, 우리가 누구인지, 우리 마음속에 터져 나오는 질문에 대한 대답을 알아가는 과정이다.

와이헨메이어와 마찬가지로 여러분의 도전도 온전히 여러분 자신의 것이다. 여러분이 등산화를 신고, 배낭을 메며, 앞에 놓인 길 위로 성큼 나서야만 진정한 대답을 찾을 수 있다. 고통과 실패, 그리고 혼란을 겪는 와중에도 여러분 자신과 여정에 믿음을 가져라. 여러분의 도전은 아름답고 가치 있으며, 도전을 통해 자신을 놀라게 할 많은 경험을 하게 될 것이다.

8 주리엘 오두월
Zuriel Oduwole

여자와 남자는
똑같은 창의력을
갖고 있어요.

어른들이 경이로운 성공과 큰 업적을 남기는 일은 있을 수 있다. 하지만 어린 나이에 거절과 두려움, 그리고 실패와 싸우는 것은 쉬운 일이 아니다. 특히 그 어린 나이가 아홉, 열, 열하나, 열둘, 열셋의 나이라면… 어른들의 예상을 극복하는 것은 불가능하다. 오로지 어른만이 세상과 자신을 바꿀 수 있는 큰 업적을 이룰 수 있다.

그러니 어린 친구들이여, 기다려라. 뭔가 큰 업적을 이루려고 생각하지 마라! 뿌리 깊은 현상을 바꾸려고 시도하지 마라! 이유를 모르겠어? 들어 본 적 없어? 어린 사람이 하는 일은 실패할 수밖에 없다. 그저 멈춰라. 기다려라. 나이를 더 먹어라. 더 지혜로워져라. 세상 이치를 배워라. 여러분이 뭘 할 수 있고, 뭘 할 수 없는지는 어른들에게 배워라. 고등학교나 졸업하면, 혹은 대학을 졸업하고 첫 직장을 가진 후에나 뭔가 크고 과감한 시도를 해라. 이해했지?

"천만에요!"

오두월이 대답한다.

아홉 살의 나이에 그녀는 장편 다큐멘터리 영화를 만든 최연소 감독이 되었으며, 열다섯 살이 될 때까지 4편을 더 만들며 활동을 계속 넓혀 왔다.

오두월의 아버지 아데몰라는 나이지리아 사람이고, 어머니 패트리샤는 모리타니 사람이다. 그녀의 부모님은 캘리포니아 주의 로스앤젤레스로 이주했고, 그다음에 오두월이 태어났다. 그녀는 6학년 수업과제 때문에 접한 영화제작에 바로 빠져들었다. 그녀는 세상의 고정관념과 맞서 싸우는 도구로서 그 기술을 사용한다.

그녀가 맞서는 고정관념은 그녀의 나이와 관련이 있다. 그녀가 국가의 지도자들과 만나는 데 나이는 아무런 제약이 되지 않는다. 현재까지 오두월은 24개국의 지도자들과 인터뷰를 했으며, 유엔총회에 참석해 전 미국 국무장관이었던 존 케리를 만났고, 2017년에 《포브스》가 선정한 가장 영향력 있는 아프리카 여성 100인에 들어가기도 했다.

오두월의 이 놀라운 여정이 하룻밤 사이에, 혹은 우연히 이루어진 것은 아니다. 그녀는 여러 나라의 지도자들과의 인터뷰를 허락받기 위해서 천천히 노력했다. 다큐멘터리 제작 경연대회에 참가하기 위해 그녀는 가나의 대통령인 제리 롤링스에게 인터뷰를 요청했다. 그렇게 첫 번째 다큐멘터리인 〈가나혁명〉을 완성했다. 그녀는 그 경험을 지렛대로 삼아 다른 나라의 지도자들에게도 인터뷰를 요청하면서 사람들의 신뢰를 쌓아갔다.

오두월은 6년간 다큐멘터리를 제작하면서 아프리카 여성들이 직면한 고통과 인권뿐 아니라, 아프리카의 아름다움과 수많은 잠재력을 표현하려고 했다. 그녀는 현재 다큐멘터리 제작을 위한 시간과 에너

넘어져도 일어서라!

카즈미어 호친스는 어린 시절에 세 번이나 암과 싸웠다. 열일곱 살인 지금, 그녀는 세상을 여행하면서 암과 싸우고 있는 어린이들에게 자신의 이야기를 들려주기로 했다.

지를 확보하기 위해 학교에 다니는 대신 집에서 공부하고 있다. 다큐멘터리 제작에는 여행과 영상편집이 포함되기 때문이다. 오두월이 다큐멘터리를 제작할 때 그녀의 아버지와 지지자들이 종종 함께 여행한다. 컴퓨터 프로그래머인 그녀의 어머니는 계속 성장하는 딸을 매우 자랑스러워한다. 오두월은 대부분 독학으로 영상제작을 배웠고, 제작과 편집에 온라인 소프트웨어와 음성해설 프로그램을 활용한다.

오두월은 가나, 탄자니아, 나이지리아, 케냐, 남수단 등 아프리카의 많은 나라를 여행했다. 또한 21,000명이 넘는 아프리카 소녀들에게 여성도 평등한 교육기회를 가져야 한다고 알렸다. 그녀는 부드러우면서도 용감하게 표현하고, 똑똑하지만 이해심도 많으며, 결단력도 가지고 있다.

오두월은 〈아프리카의 밝은 미래〉와 같은 영화를 통해서 아프리카 국가들에 대한 사람들의 고정관념을 바꾸고 싶어 한다.

"사람들이 이 다큐멘터리를 보고 아프리카가 뉴스에 나오는 전쟁, 기아, 질병뿐 아니라 긍정적인 것들로 가득 차 있다는 걸 알게 되면 좋겠어요. 아프리카엔 훨씬 많은 것들이 있다는 걸 보여 주고 싶어요. 종교적인 춤과 음악, 훌륭한 문화, 그 외에도 많이 있다는 것을…."

그녀는 국가 지도자들을 인터뷰하고 현지에서 촬영한 영상을 통해서, 사람들이 아프리카에 대해 갖는 잘못된 편견을 서서히 무너뜨리고 있다.

성공한 다큐멘터리 감독으로서 오두월은 아프리카 대륙의 소녀들에게 영감을 불어 넣을 수 있는 단체를 만들었다. 그녀는 그 단체에 '꿈꾸자, 외치자, 일어서자(www.dreamupspeakupstandup.com)'라는 이름을 붙이고, 아프리카 대륙을 여행하면서 어린이 단체들과 학교에서 여성에게 왜 평등한 교육기회가 필요한지 알리고 있다. 그녀는 소녀들이 열두 살에 학교과정을 마쳐야 하는 것을 받아들일 수 없으며, '남녀가 똑같은 창의력을 갖고 있다는 것'을 입증하기 위해서라도, 소녀들도 모든 교육과정을 받을 수 있어야 한다고 주장한다. 자신과 자신의 열정을 위해서뿐 아니라, 다른 사람들도 자신의 권리를 위해 일어설 수 있도록 오두월은 투쟁한다.

> 사람들이 이 다큐멘터리를 보고 아프리카가 뉴스에 나오는 전쟁, 기아, 질병뿐 아니라 긍정적인 것들로 가득 차 있다는 걸 알게 되면 좋겠어요. 아프리카엔 훨씬 많은 것들이 있다는 걸 보여 주고 싶어요. 종교적인 춤과 음악, 훌륭한 문화, 그 외에도 많이 있다는 것을.

주리엘 오두월

만일 여러분이 너무 어리기 때문에 중요한 일을 할 수 없다는 말을 들어 본 적이 있다면, 오두월이 여러분에게 해 줄 말이 있다. 여러분이 자신만의 독특한 관점으로 세상을 바라보면, 여러분은 어른들이 이해할 수 없는 방식으로 세상을 이해할 수 있다고. 어리기 때문에 할 수 없다는 말을 하는 어른들은, 꿈을 위한 도전을 어떤 이유로 포기했을지도 모른다. 그들이 놓친 것을 여러분이 깨달은 것일 수도 있다. 여러분이 목소리를 내고 타인에게 여러분의 이상을 전달함으로써, 여러분은 세상을 더 나은 곳으로 만드는 데 이바지한다. 게다가 여러분이 하는 일을 다른 아이들이 지켜본다. 여러분이 위험을 받아들이고 꿈을 좇는 걸 보면서, 다른 아이들도 똑같이 꿈을 향해 도전할 수 있다는 용기를 얻는다. 오두월은 다큐멘터리를 만들고 세상을 돌아다니면서 소녀들이 교육받을 권리를 주장한다. 하지만 그녀는 자기 자신만이 아니라 다른 어린이들에게도 더 나은 가능성을 보여 주고자 한다. 오두월은 어린 나이에도 '불구하고'가 아닌, 어린 나이 때문에 빛나는 재능을 발휘하고, 목적의식이 있는 다큐멘터리와 연설문을 만들 수 있는 것이다.

그리고 여러분도 그렇게 할 수 있다.

여러분은 다큐멘터리를 만드는 데 관심이 없을 수도 있고, 여행이나 사람들 앞에서 말하는 걸 싫어할 수도 있다. 만일 그렇다면 여러분이 좋아하는 것은 무엇인가? 스포츠를 좋아한다면 어린이 팀을 지도하는 것을 생각해 본 적이 있는가? 요리를 좋아한다면 온갖 재료들을 이용해서 자신만의 요리책을 만들려고 생각해 본 적이 있는가? 많은 사람의 도움이 필요한 일이 있다는 얘기를 들을 수도 있다. 그 일을 주변에 알려서 기금을 모으거나, 다른 사람들과 대책을 마련해야 한다. 여러분은 무엇을 할 수 있을까? 어른들은 신경 쓰지 않는 일을 돕기 위해, 여러분은 어떤 아이디어를 낼 수 있을까? 여러분의 나이는 방해물이 아니라 활짝 열릴 문이 될 수가 있다. 어른들은 불가능하다고 생각하지만, 여러분은 창의적인 아이디어와 도전으로 사람들을 놀라게 할 수 있다.

오두월은 다큐멘터리와 자신이 만든 단체인 '꿈꾸자. 외치자. 일어서자'를 통해서 위대한 일을 성취했다. 그래서 그녀는 이제 멈췄을까? 입증하려던 걸 모두 입증했을까? 이제 그녀의 나이를 뛰어넘어 큰 꿈을 꾸는 걸 멈췄을까?

아니다.

> 여자와 남자는 똑같은 창의력을 갖고 있어요.

주리엘 오두월

오히려 오두월은 더 많은 꿈을 가지고 있다. 그중 일부를 보자. 그녀는 자신이 제일 좋아하는 스포츠인 야구로 올림픽에 참가하길 꿈꾼다. 어린이 책을 써서 출판하길 꿈꾼다. 또한 로봇공학자가 되기를 꿈꾼다. 여러분의 꿈이 하나일 필요는 없다는 것을, 그녀의 다양한 꿈들이 말하고 있다. 여러분은 많은 꿈과 이상, 가능성을 좇을 수 있다. 여러분에게 필요한 건 실패와 오해를 흔쾌히 받아들일 수 있고, 끝까지 멈추지 않을 용기뿐이다.

위와 같은 노력이 오두월의 큰 야망을 드러내지는 않는다고 하면, 이번 것은 그 야망을 드러낸다. 나이가 많아지면 무엇이 되고 싶은지에 대한 질문을 받았을 때, 그녀는 이렇게 대답했다.

"나이가 들면 미합중국의 대통령이 되고 싶어요. 이런 얘기를 하면 사람들은 '왜 아프리카 국가의 대통령이 아니야?'라고 물어요. 그러면 저는 영리하게 생각해야 했다고 말해요. 제가 아프리카 국가의 대통령이 되면 제 국가나 주변 한 국가 정도에 영향을 미칠 수 있겠지요. 하지만 미국 대통령이 되면 저는 미국뿐 아니라 세계의 여러 나라, 그중에서도 아프리카 국가들에 영향을 미칠 수 있을 거예요. 저는 아프리카와 미국을 도울 수 있는 정책들을 만들어야겠죠."

사람들이 강요하는 한계를 넘어선 꿈을 꾸는 것은 매우 중요한 능력이다. 오두월은 그 능력의 중요성을 세상에 보여 줬다. 세상은 자신이 하는 일에 확신을 가진 사람들을 주목한다. 그러므로 여러분의 조리법대로 요리하고, 전구와 전선으로 실험도 하고, 어린이 축구팀을 지도하고, 지역의 교육위원회에 출마도 하고, 여러분의 나이를 이용해 세상을 바꿀 모든 가능성을 찾아 나서라. 여러분의 열정을 따라가다 보면, 여러분도 오두월의 길을 따라가게 된다. 그리고 여러분이 미래에 무슨 일을 하고 어떤 인물이 될지 누가 알겠는가?

베라 왕 Vera Wang

　베라 왕은 논란의 여지가 없는 패션계의 리더다. 웨딩드레스를 디자인하고, 전 세계의 스타들이 그녀의 옷을 입을 뿐 아니라, 콜스(미국 고급백화점 체인)와 주요 의류상점에서 그녀의 옷이 판매된다. 또한 패션 잡지 《보그》의 편집장이자 '랄프로렌'의 디자인 감독이다. 그리고 패션 회사도 갖고 있다. 그러나 왕이 항상 영향력 있고 다양한 일을 한 것은 아니다.

　일곱 살 때 처음으로 피겨스케이트 신발을 받고 나서 그녀는 올림픽에 참가하는 꿈을 꾸었다. 그녀는 쉬지 않고 연습해서 꿈을 거의 이룰 뻔했다. 자신의 파트너와 참가한 미국 국가대표 선발전에서 아깝게도 5위를 차지했다.

　그 결과에 실망한 왕은 뉴욕의 사라로렌스 대학에 입학해서 새로운 인생을 살기로 했지만, 1년 만에 휴학했다. 다행히 그녀의 열정이 되살아났고 대학을 졸업할 수 있었다. 하지만 왕이 패션계에서 성공하는 데는 시간이 걸렸다. 그녀는 업계에서 쉬지 않고 열정적으로 일했고, 새로운 기회가 올 때마다 조금씩 지위가 올라갔다. 《보그》에 입사한 후로 그녀는 한층 더 재능을 발휘하며 실력을 인정받아 편집장이 되었다. 그렇게 되기까지 17년이 흘렀다. 그 일을 끝낼 때쯤 왕은 편집장으로 남는 대신에 새로운 도전을 받아들이기로 했다. 스스로 디자이너가 되는 것이었고, 그녀는 이렇게 회고했다.

"끊임없이 나 자신을 재창조해야 했어요."

피겨스케이터로서의 실패는 끝이 아니었고, 그 실패는 그녀의 남은 인생을 무기력하게 만들지도 않았다. 오히려 패션계에 들어섰을 때 놀랄 만한 성장을 위한 씨앗이 되었다. 그녀의 실패는 추진력과 집중력을 갖고 일하는 법을 가르쳐 주었을 뿐 아니라, 인생의 목표를 바꿀 수도 있다는 것을 깨닫게 해줬다. 여러분이 하나의 목표에 전력을 다해서 성공을 이루지 못하더라도, 여러분은 언제든지 자신을 재창조할 수 있다.

"끊임없이 나 자신을 재창조해야 했어요."

9 엘렌 존슨 설리프
Ellen Johnson Sirleaf

공부를 계속하고, 경력을 쌓으며, 남편과 이혼하면서 아무것도 잃지 않으려고 열심히 노력했어요.

📱 대통령 선거에 출마한다는 발표를 하는 것만으로, 설리프는 아프리카 대륙 최초의 국가 지도자가 될 수 있었다. 처음으로 도전했던 1997년 대통령 선거에서 그녀는 손쉽게 라이베리아 대통령에 당선되었다. 설리프가 당선되었을 때 라이베리아는 평화롭고 안정적으로 운영되고 있었다. 그 덕분에 그녀는 조용한 아침을 즐기면서 느긋한 산책을 즐길 수 있었다. 그리고 그녀는 어린 시절부터 업무능력이 탁월했다.

뭐라고? 아니야!

1938년에 태어난 설리프는 평생 여성의 권리를 위해 열정적으로 투쟁했다. 특히 오늘날에는 라이베리아 최초의 여성 대통령으로서뿐 아니라, 아프리카 최초의 여성 대통령으로 해야 할 역할을 온전히 수행하기 위해 노력하고 있다. 하지만 그녀가 그 자리에 실패나 고통 없이 쉽게 오른 것은 아니었다.

설리프는 젊은 시절 결혼해서 얼마 지나지 않아 네 아이의 어머니가 되었다. 그녀는 초기에는 아이들을 키우면서 재택근무를 했다. 하지만 1961년 그녀와 남편 제임스는 라이베리아를 떠나 미국의 위스콘신 주로 이사했다(둘의 자녀들은 고향인 라이베리아에 머물렀다). 제임스는 라이베리아의 농무부에서 일했는데, 그것이 두 사람이 미국에서 유학하는 데 도움이 되었다. 설리프는 매디슨에 있는 위스콘신 경영대학에서 회계학을 전공했다. 4년 후 부부는 라이베리아에 있는 자녀들에게 돌아갔다. 그리고 설리프는 라이베리아의 재무부에서 새롭게 일을 시작했다.

여기까지만 보면 그녀가 엄청난 성공을 달리고 있는 것처럼 보인다.

> 공부를 계속하고, 경력을 쌓으며, 남편과
> 이혼하면서 아무것도 잃지 않으려고
> 열심히 노력했어요.

엘렌 존슨
설리프

남편과 네 명의 자녀가 있으며, 누구나 인정하는 경력과 영향력이 있는 직업을 가졌다. 하지만 이러한 겉모습 뒤에는 엄청난 고통이 숨겨져 있었다. 어느 순간부터 남편이 그녀를 학대하고 폭력을 행사하기 시작했고, 설리프는 그런 학대를 단호하게 거부하고 이혼소송을 준비했다. 그녀는 그 선택으로 나중에 자신의 인생이 훨씬 나아질 것 같았다고 말했다.

"공부를 계속하고, 경력을 쌓으며, 남편과 이혼하면서 아무것도 잃지 않으려고 열심히 노력했어요."

제임스와 이혼하자마자 그녀는 다시 미국으로 돌아가서 공부를 시작했다. 처음엔 콜로라도 대학에서 공부하고, 그다음엔 하버드 대학으로 가서 행정학 석사학위를 취득했다.

설리프는 공부를 계속하면서 경력을 쌓았고, 라이베리아 여성들의 권리향상과 더 안전한 시민사회를 만들기 위해 투쟁했다. 회계학 학위를 가진 그녀는 몇 년 동안 라이베리아의 재정부에서 일했지만, 다시 미국으로 돌아가서 세계은행에서 대출업무를 보았다. 하지만 라이베리아의 부패와 여성을 향한 폭력이 심해지는 것을 외면할 수 없었다. 그래서 설리프는 1977년에 귀국하여 다시 재정부에서 일하였다. 그 후 10년 동안 그녀는 미국과 라이베리아를 빈번히 오가며, 라이베리아를 위해 할 수 있는 최선의 길을 찾고 있었다.

1989년, 라이베리아에서 1차 내전이 발생한 뒤로 여성을 대상으로 한 폭력이 급속히 증가했다. 어린아이들이 총을 들었고, 라이베리아는 위험지역이 되었다. 그 상황을 지켜보면서 설리프는 라이베리아 정부와 세계은행을 대표하는 자격으로 세계를 돌아다녔다. 그녀는 더 많이 배우고 경험을 쌓았으며 더욱 성숙해졌다. 그리고 드디어 그녀는 자신이 가진 지식과 열정을 믿고, 부패와 폭력을 멈추기로 마음먹었다.

내전이 끝나고 1년 후인 1997년 설리프는 라이베리아 대통령 선거에 출마했지만 입후보자 경선에서 떨어졌다. 2년 뒤 라이베리아는 2003년까지 이어지는 2차 내전이 발생했다. 내전 기간 내내 그녀는 여성을 향한 폭력과 나라의 널리 퍼진 부패를 없애려 노력했다. 그 결

굽히지 않는 용기를 가져라!

1980년, 지미 카터 전 미국 대통령은 재선을 위한 입후보자 경선 투표에서 탈락했다. 하지만 퇴임하고 나서 그는 그 실패를 거대한 성공으로 바꿨다. 1982년, 전 세계적으로 인권을 호소하기 위해 카터 센터를 설립했고, 그가 펼친 사랑의 집짓기운동을 통해 많은 사람에게 보금자리를 만들어 주었다.

과 내전이 끝난 후인 2005년 설리프는 대통령 선거에 다시 출마할 수 있었다.

이번엔 그녀가 승리했다! 설리프의 가장 중요한 목표는 여성들을 강간을 비롯한 온갖 폭력으로부터 보호하는 것과 라이베리아에 투자를 유치해서 경제적 성장을 이루는 것이었다. 그녀의 열정적인 연설과 강력한 지도력 덕분에 라이베리아에서는 폭력이 잦아들었고, 투자가 들어오기 시작했다.

그녀는 항상 여성의 안전에 힘쓰고, 부패의 악순환을 끊으려고 노력했다. 그러한 노력으로 그녀는 2011년 노벨평화상의 공동 수상자가 되었다.

하지만 라이베리아의 변화가 쉽게 이루어지지는 않았다. 예를 들면, 설리프가 대통령으로서 처음 시행한 조치가 강간을 범죄로 규정하는 것이었다. 그녀가 대통령이 되기 전엔 강간이라고 다 죄가 되지는 않았다. 이 단호한 조치로 끔찍한 강간을 저지른 사람들에게 즉각 책임을 물을 수 있게 되었다. 하지만 사법부의 부패로 가해자들을 제대로 처벌하지 못하는 경우도 발생했다. 설리프는 정부 안팎의 뿌리 깊은 폭력과 부패에 대항해서 싸움을 계속했다. 저항이 아무리 거세도 그녀는 멈추지 않았다.

설리프는 첫 임기를 끝낸 후 재선에 성공했으며, 그 권력을 다음 대통령에게 온전히 물려주는 최초의 여성 대통령이 되었다. 2018년 1월부로 설리프는 대통령 선거에서 승리한 조지 웨아에게 권력을 넘겨주

연구자이자 교수, 연설가, 작가, 그리고 사회운동가인 브렌 브라운은 카리스마 넘치는 연설과 감명 깊은 책들로 세계적으로 유명하지만, 아직도 끊임없이 비판을 받는다. 하지만 그녀는 절대로 멈추지 않았다. 그 비판들을 거름으로 삼아 자신의 메시지를 강화한다.

기로 동의했다. 설리프가 소속된 통합당은 웨아에게 권력을 넘겨주는 것에 대해 거세게 반발했다. 그녀는 웨아가 최고의 지도자가 될 것이라고 주장했다. 이후 설리프는 자신의 당으로부터 제명을 당했는데, 이것은 그녀의 정치 활동에 대한 논란을 낳았다. 하지만 최초의 여성 대통령이자, 흔쾌히 집무실을 넘겨준 최초의 대통령인 그녀의 업적은 논란의 대상이 될 수 없었다. 지도자가 된다는 것은 복잡한 상황과 어려운 문제를 해결하기 위해 우리 편뿐 아니라 상대 편과도 끊임없이 타협해야 한다. 설리프의 정치적인 성공은 이 사실을 잘 보여준다.

게다가 설리프는 대통령으로 재임하면서 부족한 점이 있었다는 것을 인정한다. 그녀는 조국에 아직도 많은 부패가 남아 있으며, 여성에 대한 폭력이 줄기는 했으나 상식적인 수준에 도달하려면 아직도 갈 길이 멀다는 걸 알고 있다. 그녀는 자신이 이루고 싶어 한 공약들을 다 수행하지 못했다는 평가를 받아들이면서 집무실을 떠난다.

이것이 지도자가 직면하는 가장 어려운 일 중의 하나다. 무한한 열정과 그 열정을 펼칠 의지를 갖췄다 하더라도, 현실의 문제들을 완전히 해결하지 못할 수도 있는 것이다. 특히 이러한 문제들은 오랜 세월 이어져 온 것이어서 쉽게 해결되지 않는다. 이것을 해결하지 못하고 권력을 넘겨주는 것은 정말 어려운 일이다.

설리프는 세계를 두루 경험하고 고향인 라이베리아로 돌아와서 부당한 세력들과 싸우고 자신의 고통과도 싸웠다. 그리고 조국 최초의 여성 대통령이 되었다. 그녀는 여성을 보호하고 부패를 없애겠다고 국민과 약속하고 두 번의 대통령 임기 동안 최선을 다했다. 그러나 그녀는 겸손하게 국민과의 약속을 다 지키지 못했다는 걸 인정한다. 하지만 그녀가 남긴 영향은 거대하다.

진정한 용기와 성공이란 이런 것이다. 실패할지라도 잘못을 바로잡기 위해서는 물불을 가리지 않는 것. 우리의 목소리와 헌신은 결코 의미 없이 사라지지 않는다. 타인을 보호하고 파괴된 것을 복원하려는 모든 노력은, 우리의 상상을 초월할 정도로 오랫동안 그 영향을 남긴다. 설리프에게도 그렇고, 여러분과 나에게도 그렇다. 우리의 존재는 작지만 큰일을 할 수 있다.

말랄라 유사프자이 Malala Yousafzai

　파키스탄의 스와트 계곡에서 자란 말랄라 유사프자이는 두 가지 즐거움이 있었다. 책 읽기와 밖에서 친구들과 노는 것이다. 다행히 그녀에겐 시간이 많아서 그 멋진 계곡에서 두 가지를 다 할 수 있었다. 하지만 그 즐거움은 오래 가지 못했다.

　2007년, 그녀가 고작 열 살일 때 탈레반이 마을을 점령해서 유사프자이 가족에게 견딜 수 없는 삶을 강요했다. TV와 음악이 금지되었고, 여자에게는 학교를 비롯한 모든 교육이 금지되었다. 그리고 탈레반에 저항하는 사람은 누구든 끔찍하게 공개처형을 당할 수 있었다.

　2009년 5월, 유사프자이와 가족은 아름다운 스와트 계곡을 탈출해야만 했다. 파키스탄 군대가 탈레반을 몰아내려 들어왔고, 그 전쟁의 한가운데에 있을 수는 없었다. 탈레반의 점령으로 생활이 어렵고 비참했지만, 스와트 계곡은 그들의 고향이었다. 그녀와 가족이 향한 곳은 아무것도 알 수 없는 불확실한 미래였다.

　고향에서 탈출한 후에도 여학교 교사였던 그녀의 아버지는, 유사프자이와 다른 소녀들을 안전하게 가르칠 방도를 찾고 있었다.

2009년 말, 파키스탄 군대는 대부분 지역에서 탈레반을 몰아내는 데 성공했다. 유사프자이는 다시 스와트 계곡의 학교에 다니기 시작했다. 그뿐 아니라 그녀는 모든 여자의 권리를 소리 높여 외쳤다. 탈레반은 여성의 권리를 주장하는 유사프자이를 찾아내서 제거하려 하였다.

2013년 10월 9일, 한 탈레반 병사가 유사프자이의 통학버스를 세우고 올라타서는 그녀의 머리를 총으로 쐈다. 하지만 유사프자이와 그녀의 활동을 향한 이 비열한 공격은 성공을 거두지 못했다. 그녀를 죽이기는커녕 그녀가 마이크를 들고 전 세계를 돌면서 더 큰 소리를 내게 했다.

2014년 3월, 놀랍게도 유사프자이는 학교로 돌아왔다. 유엔은 7월 12일을 말랄라의 날로 지정했다. 그해 12월에 유사프자이는 노벨평화상을 공동으로 수상했다.

오늘날 전쟁과 테러, 불의를 이겨낸 유사프자이는 전 세계를 돌면서 왜 소녀와 여자들이 보호받아야 하는지 알리고 있다.

그녀는 모든 여자의 권리를
소리 높여 외쳤다.

10 미셸 카터
Michelle Denee Carter

타인들의 기준에 맞게
나의 외모를 변화시키지 않을 거예요.
당신의 외모에 매력을 발견하고
그것을 느끼면, 당신은 최선을
다하게 될 거예요.

📱 2016년 8월 12일 오후 10시, 브라질의 리우데자네이루. 긴장감이 가득하다. 작은 콘크리트 원 주위로 카메라가 설치되어 있다. 원 안에서 자기 순서를 맞이한 여자선수가 4킬로그램짜리 쇠공을 들고 있다. 투포환은 몸이 콘크리트 원 밖으로 나가지 않은 상태로 최대한 멀리 던지는 경기이다. 미국을 대표하고 있는 젊은 여성의 이름은 미셸 카터다. 그녀는 2008년과 2012년의 올림픽에 메달을 목표로 참가하였고, 2012년에는 거의 근접해서 4위를 했다. 바로 코앞에서 메달을 놓쳤다! 하지만 이번에는 큰일을 낼 것이다. 카터는 뼈를 깎는 훈련을 했고, 이번엔 성공할 확신이 있었다. 그날 밤 그녀는 총 6번의 시도를 할 것이고, 메달을 목에 걸 것이다. 1차 시기를 위해 콘크리트 원 안으로 들어서면서, 그녀는 깊이 숨을 들이쉬었다. 몸을 구부렸다가 회오리쳐 포환을 힘껏 던졌다! 바로 성공이었다. 첫 번째 시도에서 올림픽 기록을 깨는 금메달이었다. 관중은 환호했다.

무시해버려. 화면을 다시 되돌려 봐.

카터의 1차 시기는 다른 선수들을 압도하는 거리가 전혀 아니었다. 2차 시기도 마찬가지였다. 3차도, 4차도, 5차까지도 그랬다.

그날 밤 자신의 마지막 6차 시기를 위해 콘크리트 원 안으로 들어서며 카터는 자신에게 말했다.

"내가 지금 할 수 있는 건 기도뿐이야. 잘 알고 있지? 너의 모든 것을 쏟아부어야만 해."

그녀는 금메달을 향해 손쉽게 춤추듯이 다가간 것이 아니었다. 카터는 마지막 시기에 임하며 남김없이 전력을 쏟자고 다짐했다. 리우올림픽 마지막 시기까지의 긴 여정에 지칠 대로 지친 몸을 휘돌리며, 카터는 마지막 포환을 던졌고, 20.63미터라는 놀라운 기록으로 금메달을 목에 걸었다! 마지막 포환던지기로 그녀는 투포환에서 금메달을 딴 최초의 미국 여성이 되었으며, 그 종목에서 1960년 로마올림픽의 얼린 브라운에 이은 두 번째의 미국 여성 메달리스트가 되었다.

카터가 리우올림픽에서 금메달을 따기까지의 여정에는 상상할 수 없을 만큼의 훈련과, 이전 두 번에 걸친 올림픽에서의 좌절, 그리고 마지막 시기에서의 초조한 순간이 모두 포함된다. 오랜 시간에 걸쳐 정상에 오르는 동안 그녀는 투포환 선수로서 성공하는 것만이 아니라, 여자 운동선수에 대한 전통적인 고정관념을 없애는 데에도 성공하기를 원했다. 카터에게 있어서 올림픽 메달이란 운동선수로서의 재능을 인정받은 것을 의미한다. 또한 여자 운동선수도 거친 종목을 할 수 있으며, 동시에 여성성도 유지할 수 있다는 그녀의 믿음을 보여 준 것이다.

카터는 이미 열일곱 살 때부터 투포환 신동으로 유명했다. 고등학교에 다니면서 텍사스 주 투포환대회에서 두 번이나 우승했다. 그녀는 남학생이 전화번호를 물어보면 자신의 우승기록 때문이란 걸 잘 알고 있었다. 이 유명세는 텍사스 대학에 진학하고 나서도 계속되었는데, 재학 중에 그녀는 또 하나의 우승 메달을 목에 걸었다.

이렇게 승리를 쌓아 가는 동안 카터는 자신의 신체와 여성스러운 스타일에 깊은 자부심을 품었다. 그녀는 종종 운동화에 분홍색 끈을 묶은 채로 포환을 던졌으며, 손톱을 노랗게 칠한 채로, 또한 반짝이는 다이아몬드 귀걸이를 하고 던지기도 했다. 카터의 아버지는 그때를 이렇게 떠올렸다.

"힘과 폭발력, 남자와 테스토스테론으로 넘쳐 나는 투포환의 세계에서 예쁘게 치장한 여자선수로 활동하는 딸의 모습이 어땠는지 알아요? 제가 보기에도 아주 신선했답니다."

이제 금메달리스트가 된 그녀는 여전히 이 놀라운 과제를 계속하고 있다. 그것은 성공에 관한 고정관념을 변화시키기 위한 노력이었다고 카터는 말했다.

"저는 뭔가 중요한 것을 이루어야 했고 그렇게 해 왔어요. 제 생각에 세상은 한 가지 형태의 몸매만 가져야 한다고 부추겨요. 하지만 실제로는 많은 종류의 몸매가 존재한다는 것을 깨닫기 시작했어요."

카터의 키는 175센티미터에 몸무게는 118킬로그램 정도였다. 투포환 선수로서는 전형적인 몸매다. 하지만 선수의 신체를 통해서 아름다움을 표현하거나, 여성성을 부각하는 다른 스포츠에는 전혀 어울리지 않는다. 미디어나 광고에서 흔히 부추기는 불공정한 말이 있다.

만일 여러분이 근육질의 여성이라면 아름다울 수 없으며, 여러분과 다른 몸매를 가진 여성들과 경쟁할 수 없다는 말이다.

투포환이야말로 이런 불공정한 말에 직접적인 영향을 받는 스포츠라고 카터는 믿었다. '전형적인' 투포환의 몸매를 갖고 있지 않거나, 혹은 그 스포츠가 가진 고정관념(힘들고 거친) 때문에 다른 여성들이 시작조차 못 하게 한다는 것이다. 카터는 단호하게 말한다.

"20미터까지는 단거리선수를 이길 수 있어요. 나는 빠르고, 힘도 있고, 민첩하기도 해요. 나는 모든 것을 갖춘 운동선수예요. 저한테 맞지 않는 스포츠는 없어요. 나는 다른 사람들보다 더 가볍게 움직여요. 제 몸은 기름칠이 잘 된 기계와 같아요."

카터는 선수로서 그녀의 성공을 활용해서, 여성들과 스포츠계에 다양한 형태의 몸매가 있다는 사실을 알린다(남자도 마찬가지지만!). 여기서 가장 중요한 것은 여러분의 외모와 여러분의 몸이 가진 가능성에 자부심을 품는 것이다. 아름다움과 성공에 대해 좁은 시각을 강요하는 사회에서 카터의 승리와 메시지는 몸매의 신화를 무너뜨리는 데 큰 역할을 하고 있다.

더 나아가 소녀들과 젊은 여성들이 투포환이라는 스포츠를 즐길 수 있도록 카터는 '던지는 소녀들'이라는 이름의 투포환 캠프를 시작했다. 프로그램을 진행하면서 육상경기의 기본적인 기술들을 가르칠 뿐 아니라, 몸에 대한 편협하고 위험한 고정관념을 버릴 수 있도록 상담도 진행한다. 카터는 자신의 몸에 자부심을 품고 받아들일 때, 어떤 열매를 맺을 수 있는지 여러분에게 보여 주고 있다.

미셸 카터

> 나는 빠르고, 힘도 있고, 민첩하기도 해요.
> 나는 모든 것을 갖춘 운동선수예요.
> 저한테 맞지 않는 스포츠는 없어요.
> 나는 다른 사람들보다 더 가볍게 움직여요.
> 제 몸은 기름칠이 잘 된 기계와 같아요.

학교의 복도를 걸어가면서 어느 한쪽만을 바라보라는 강한 압박을 받는가? 오로지 한 가지의 몸매만 허용되는데, 여러분은 거기에 들지 못한다는 느낌을 받은 적이 있는가? 우리는 문화를 통해서 소녀들과 여성들, 또한 소년들과 남성들에게 '알맞은' 몸매가 있다는 편견에 사로잡히기 쉽다. 잡지 표지들, 할리우드 영화들, 광고들, TV를 포함한 우리가 보는 모든 곳에서 한 가지 사이즈의 몸매를 숱하게 본다. 우리는 거의 하루도 빠짐없이 여러분의 몸매는 이상적이지 못하다고, 부추기고 주장하는 영상들과 마주한다. 거기에 따라오는 것은 그 '기준'을 벗어난 여러분이 친구를 사귈 수도, 운동할 수도, 튜바를 연주할 수도 없을 거라는 등의 명백한 협박성 메시지이다.

하지만 우리가 이 관점을 가만히 들여다보면 모순투성이인 것을 알 수 있다. 어떻게 이 지구상에서 몸매와 성공의 기준이 한 가지뿐일 수가 있는가? 수많은 종류의 음식, 영화, 음악, 패션, 그리고 문화를 떠올려 보자.

그 고정관념을 아이스크림에 적용해 보면 이렇다. 여러분이 딸기 아이스크림을 최고로 여긴다면, 다른 맛의 아이스크림을 찾아서 먹어 볼 필요가 없어진다. '각양각색'의 아이스크림이 사라지고, 오직 딸기 아이스크림 하나만 있는 세상을 상상할 수 있을까(그 생각을 하면 머리가 아플 뿐 아니라, 몸이 떨리기까지 한다)!

이와 마찬가지로 한 종류의 사진이 잡지들을 도배한다고 해서 그 사진만이 가치 있는 것은 아니다. 만일 카터가 그 관점에 순응해서 현재 그녀가 하는 일과 동떨어진 길을 갔거나, 투포환을 향한 그녀의 열정을 포기했다면 어찌 되었을까? '다른 사람들이 내게 기대하는 외모와 운동능력에 맞추기 위해서 나 자신을 바꾸는 게 낫겠어'라고 그녀가 다짐했다면 어찌 되었을까?

하지만 카터는 자신을 그대로 지키려는 아름다운 선택을 했다. 그리고 몸매에 관한 사회의 고정관념과 불공정한 주장에 강력하게 반대한다.

"타인들의 기준에 맞게 나의 외모를 변화시키지 않을 거예요. 당신의 외모에 매력을 발견하고 그것을 느끼면, 당신은 최선을 다하게 될 거예요."

이제 여러분 자신을 바라보면서 카터의 삶과 말들을 생각해 보자. 그 말들을 단순화시켜서 더 큰 메시지를 던진다면? 여러분은 자신 있게 이렇게 말할 수 있을까?

나는 다른 누군가의 기준에 자신을 맞추지 않을 것이다!

분명히 쉽지 않은 싸움이 될 것이다. 하지만 삶의 고결한 결단을 포기함으로써 여러분이 잃거나 놓치게 될 것을 생각해 보라.

그것은 오묘한 진실이다. 여러분에게서 부끄러움 대신에 자신감이 뿜어져 나온다면 말 한마디 없이도 주변 사람들에게 전달될 것이다. 여러분의 몸과 여러분의 특별한 재능에 자신감을 느끼는 것으로 여러분은 타인들마저도 스스로 자부심을 품게 할 수 있다. 사람들은 눈치를 챌 것이다.

'이봐, 저 여자(혹은 저 남자)는 왜 자신감으로 충만한 거야?'

그러면서 그들은 자연스럽게 해답을 구하려 할 것이다.

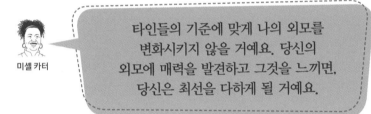

미셸 카터

타인들의 기준에 맞게 나의 외모를 변화시키지 않을 거예요. 당신의 외모에 매력을 발견하고 그것을 느끼면, 당신은 최선을 다하게 될 거예요.

나는 다른 누군가의 기준에 자신을 맞추지 않을 것이다!

이렇게 해 보자. 위의 결의에 찬 문장을 여러분의 공책에 적는다. 그것을 적은 종이를 학교의 여러분 사물함 안에 붙이고, 또 하나는 집에 있는 책상 옆에다 붙여라. 이 문장을 자주 보면 볼수록 여러분은 머리와 가슴 속에도 이 문장을 각인시키기 시작한다. 이것을 반복하면 여러분은 주변을 변화시키는 지도자가 될 수 있다. 집에서, 학교에서, 세상으로 나가서도. 여러분을 좌절시키려는 사람들의 말은 무시하고, 위대한 열정으로 열심히 자신을 갈고닦은 사람들의 말에 귀를 기울여 더 큰 꿈을 좇아라.

카터의 말뿐 아니라 여러분의 목소리에도 귀를 기울여라. 여러분도 용감한 목소리와 강한 마음을 지녔다. 여러분의 아름다움을 확인할 때마다 자신의 미적 기준을 설정해라. 그렇게 해야만 우리의 정체성을 강요하는 불공정한 사회 규범에 사로잡히지 않을 수 있다. 여러분은 용맹하면서도 우아할 수 있고, 근육질이면서도 감성적일 수 있다. 여러분이 어떤 몸매를 갖더라도 깊은 아름다움을 간직할 수 있다.

중요한 것은 이 세상에서 여러분이 해야 할, 위와 같은 일들을 받아들이는 것이고, 그럼으로써 다른 사람들에게 가능성을 열어 보일 것이다.

겁먹지 않으면… 이룰 수 있다!

허쉬 초콜릿의 '키스'를 먹어본 적이 있는가? 설립자인 밀턴 허쉬는 세 번째 초콜릿 사업으로 거대한 제국을 이룩하기 전에 두 번이나 파산했었다. 큰 사업을 시작하고 시장을 개척하는 법을 이해하지 못했던 초기의 실패는, 복잡한 시장을 파고들어 회사가 번창하는 데 큰 가르침이 되었다.

　　　　조지 코맥 George Cormack

여러분은 잠에서 깼을 때 TV에서 육상선수들이 물을 튀기면서 지나가는 장면을 보며 아침을 먹은 적이 있는가? 특히 올림픽 기간에는 '휘티스'가 '챔피언의 아침밥'임을 강조하는 광고를 여러분은 수도 없이 보았을 것이다(미국에 있다면). 그 시리얼은 인간의 삶과 항상 함께 있었다. 그렇지 않은가?

사실 꼭 그런 것만은 아니다. 휘티스는 어떤 실수로부터 탄생했다. 1921년, 미네소타 주의 한 건강관리사가 환자들을 위한 밀기울귀리 죽을 만들다가 실수로 뜨거운 난로 위에 죽을 찔끔 흘리고 말았다. 그 몇 방울의 죽은 달궈진 후 불이 붙어서 단단하고, 바삭해졌다. 건강관리사는 호기심에 딱딱하고 까매진 조각의 맛을 보았다. 그는 맛이 괜찮다고 생각해서 나머지 탄 조각들을 근처에 있는 '워시번 크로스비'라는 회사로 가져갔다. 그 회사는 오늘날에는 '치리오스'와 '킥스'와 같은 아침 식사용 시리얼을 만드는 '제너럴 밀스'로 잘 알려져 있다.

워시번 크로스비에서 건강관리사는 조지 코맥을 만났다. 코맥은 그가 가져온 조각에 굉장한 흥미를 보였고, 알맞은 맛을 내기 위한 실험을 36회에 걸쳐 시도했다. 그리고 마침내 적당한 굽기의 완벽한 시리얼을 찾아냈다. 오랜 연구 끝에 휘티스가 탄생한 것이다.

1927년, 그 시리얼 회사는 마이너리그 야구팀인 미니애폴리스 밀러스의 경기장 광고판에 휘티스를 홍보하기 시작했다. 그 아이디어는 적중했다.

거의 100년이 흐른 지금도 휘티스는 여전히 인기 있는 시리얼이고, 코맥은 아침 식사의 혁명을 불러온 인물로 정평이 나 있다. 하지만 그 무명의 건강관리사가 조금만 조심해서 죽을 만들었더라면, 휘티스는 세상에 나오지 못했을 것이다. 작은 실수 하나가 '챔피언의 아침밥'을 만들어 내리라고 누가 짐작이나 했겠는가?

작은 실수 하나가 '챔피언의 아침밥'을 만들어 내리라고 누가 짐작이나 했겠는가?

11 샤마임 해리스
Shamayim Harris

'어차피 내가 죽어야만
끝날 고통을 안고 살 텐데
두려울 게 뭐가 있어?'
라는 생각을 했어요.

해리스는 큰 시련이나 비극 없이 살아왔다. 어느 날, 그녀는 자신이 도움을 줄 수 있는 도시에 가기로 했다. 책상 위에 미국 지도를 펼쳐 놓고 도움이 필요해 보이는 몇 개의 도시를 무작위로 선정했다. 그리고 그중에서 역시 무작위로 미시간 주에 있는 하이랜드파크를 선택해서 그곳으로 이사를 했다. 그녀는 도착하자마자 바로 일을 시작해서 마을을 쉽게 바꾸었다. 한 달 만에 버려지고 폐허가 된 집들이 최신식 집들로 탈바꿈했고, 가게들도 번창하기 시작했다. 이 급속한 변화를 진두지휘한 해리스는 지역의 가장 존경받는 대변인이 되었고, 신문과 방송을 통해 전국적으로 자신의 비법을 나눴다. 두 개의 쉬운 과정일 뿐이었다. (1) 지정한 마을로 간다. (2) 마을을 변화시킨다. 그게 전부다. 빙고!

사실이 아니다. 단연코 아니다.

변화와 성공은 종종 정반대의 관점, 즉 시련을 겪고 그 과정에서 희망을 잡은 사람들에 의해서 생겨난다. 그런 용기를 가진 사람은 어떻게 일어서는 것일까? 그리고 그 사람은 어떤 행위를 할까?

해리스의 진짜 모습을 만나 보자. 그녀는 미시간 주 하이랜드파크의 교직원이었다. 하이랜드파크는 디트로이트에 전기료를 내지 못해서 가로등 불빛이 사라졌을 만큼 가난했다. 빈 공장과 창고들, 버려진 집들, 그리고 가난이 마을 전체에 찌들어 있어서 곧 마을이 해체될 지경이었다. 해리스는 마을에 가득 찬 절망을 알고 있었지만, 함께 절망하기를 거부했다. 그녀는 포기하는 대신 마을을 완전히 변화시키기로 마음먹었다.

폐허의 한 가운데서 해리스에게 희망을 불어넣은 것은 무엇이었을까? 무엇이 그녀가 그렇게 거대한 프로젝트를 기획할 수 있는 동기와 힘을 부여했을까?

그녀에게는 변화에 대한 두려움을 이겨내게 해 준 힘이 있었다. 그녀의 인생에서는 가난보다 훨씬 더 혹독한 비극이 있었다. 2007년, 그녀의 2살 된 아들 자코비가 뺑소니차에 치여 세상을 떠났다. 아들의 죽음으로 얻은 상처와 고통은 그 깊이를 알 수 없는 정도였지만, 그녀는 아들의 죽음을 헛되지 않게 하기로 마음먹었다. 아들을 위해서라도 뭔가 아름다운 변화가 필요했다. 그래서 마을을 희망과 미래의 가능성으로 샘솟는 곳으로 만들기로 한 것이다. 해리스는 나중에 이렇게 떠올렸다.

"어느 날 아침에 잠에서 깨어나자마자, '어차피 내가 죽어야만 끝날 고통을 안고 살 텐데 두려울 게 뭐가 있어?'라는 생각을 했어요."

그녀는 사람이 겪을 수 있는 최악의 비극을 극복하고 눈부신 희망을 꽃피우기로 한 것이다.

아들이 죽은 지 6개월 뒤에 시작한 그녀의 '아발론 마을' 프로젝트

회복하고 다시 일어나라!

사업가 하워드 슐츠는 세상을 놀라게 할 만한 커피 회사를 구상했다. 하지만 그가 투자를 호소했던 242명 중 217명은 그의 제안을 거절했다. 그 회사의 이름이 뭐냐고? 스타벅스!

는 마을을 새롭게 복원하는 사업이었다. 숙제의 집(부엌, 세탁실, 심지어 녹음실까지 갖춘 아이들을 위한 새 벽돌집), 블루문 카페(버려진 차고를 개조해서 근처의 온실에서 유기농으로 키운 채소로 만든 음식을 제공하는 채식주의자 식당), 여신의 시장(수리한 컨테이너 안에서 여성들이 공예품들을 팔 수 있도록 한 상점), 아발론 치유의 집(마사지와 요가를 할 수 있도록 개조한 벽돌집), 아발론 공동체 온실(카페에 제공할 유기농 채소를 키우는 온실), 공원, 도서관, 농구 코트, 테니스 코트 등을 지어 새로운 마을을 만드는 것이었다.

샤마임 해리스

> 어차피 내가 죽어야만 끝날 고통을 안고 살 텐데 두려울 게 뭐가 있어?

하이랜드파크의 실패와 고통을 받아들이는 대신에 해리스는 실패가 끝이 아니라는 것을 보여 줬다. 언젠가 그녀는 이웃에게 이렇게 말했다.

"우리 마을엔 쓰레기와 버려진 집들투성이였지만, 나는 달리 봤어요."

해리스는 우선 다 쓰러져 가는 집과 터를 약 350만 원에 사들였다. 이후 그녀는 열 군데의 버려진 집과 터를 더 구매했다. 킥스타터 캠페인을 통해 약 2억8천만 원을 모금하는 동안, 그녀는 마을을 복원하기 위한 희망을 꾸준히 퍼뜨렸다. 그녀의 꿈에 감명을 받은 전국의 많은 사람이 크고 작은 기부를 해 왔다.

> 우리 마을엔 쓰레기와 버려진
> 집들투성이였지만 나는 달리 봤어요.

샤마임 해리스

오늘날, 한때는 구제 불능으로 보였던 마을을 되살리기 위해 지역의 활동가들, 주민들, 학교 졸업생들, 동료와 친구들, 그리고 먼 곳에서 팔 걷어붙이고 달려온 사람들이 해리스와 함께한다. 미시간 주 남부에서 하이랜드파크는 18세 이상 인구의 빈곤율이 44.7퍼센트로 가장 높았다. 이것은 하이랜드파크에 사는 절반에 가까운 성인들이 의식주를 제대로 해결하지 못한다는 것을 의미한다. '아발론 마을' 프로젝트는 더는 미룰 수 없는 시기에 시작된 것이다.

해리스의 주요한 일은 여러 도시를 돌아다니면서 프로젝트를 알리고, 그 계획을 실행할 수 있도록 모금을 하는 것이다. '아발론 마을' 프로젝트를 이해하고 그녀에게 감명을 받은 사람들은 지원은 물론이고, 지역사회의 새로운 변화를 주장하는 전도사들이 되었다. 많은 유명인도 지원에 동참했다. 토크쇼 진행자인 드제너러스는 약 1억1천만 원 상당의 조립식 주택을 기부했고, 음악가인 알렉스 에버트는 약 1억1천만 원의 현금 외에도 콘서트 입장권을 경매에 내놓기도 했다.

해리스와 하이랜드파크의 사례를 보면 실패는 어떤 형태로든 우리를 찾아온다. 무언가를 끝까지 해내야 해서 견뎌야 하는 실패들이 있다. 그리고 우리가 이미 배운 대로 그것을 극복하기 위해선 많은 장애물을 넘어야 한다. 어떤 실패들은 다른 사람이나 우연한 사건으로 인해 발생하는데, 우리가 어떻게 해 볼 수 없는데도 우리에게 영향을 미친다. 후자의 경우가 우리에게 종종 발생하는데, 예방하거나 멈추기 위해 우리가 할 수 있는 것은 아무것도 없다. 이 재앙적인 실패는 타인들의 잘못된 결정 때문에 발생하거나, 자연재해나 질병으로 인해 발생할 수도 있다. 그리고 이 재앙적인 실패를 접하고 나면 우리의 꿈과 희망이 갈가리 찢길 수도 있다.

하지만 해리스는 우리에게 다른 길을 보여 준다. 그녀는 아들의 죽음을 계기로 마을 전체를 재탄생시켰다. 마을을 복원하는 도중에 해리스는 가끔 아들의 목소리를 듣는다고 말한다.

'엄마, 파이팅!'

아들의 응원에 힘을 얻는 그녀는 마을의 아이들을 위해서라도 복원 사업에 최선을 다한다. 해리스는 마을의 실패로 인해 가난과 고통으로 끝나는 결말을 거부했다. 그녀는 하이랜드파크를 희망과 치유, 그리고 무한한 가능성의 미래로 이끌고 있다.

여러분의 마을, 여러분의 학교, 여러분의 가족을 돌아보라. 해리스의 사례에서 여러분은 무엇을 얻을 수 있을까? 여러분은 학교에서 온실을 만들 수 있는가? 여러분은 발달장애가 있는 학생을 일반적인 교육과정을 밟고 있는 학생과 짝을 이루어주는 프로그램에 참여할 수 있는가? 혹시 여러분의 학교에 그러한 프로그램이 없다면 새로 만들 생각은 있는가? 학생식당에서 늘 혼자 앉는 아이의 곁에 여러분은 앉을 수 있는가? 소속감을 느끼고 싶은 학생을 위해 여러분은 방과 후 동아리를 만들 수 있는가? 여러분은 같은 학년의 다른 학생들에게 그 동아리 활동의 필요성을 알릴 수 있는가? 여러분은 같은 반 친구의 가정교사를 자원할 수 있는가? 여러분은 유기된 개나 고양이를 입양할 수 있는가?

위의 예시 중에서 일부는 사소하게 보일지도 모른다. 하지만 그 모든 것이 모여 우리 공동체의 재앙적 실패와 맞서 싸울 힘이 된다. 왜냐고? 작은 친절들이 모여 큰 사랑을 이루고, 그것이 쌓여서 정확히 우리의 공동체를 바꾸게 된다.

엄청난 재앙적 실패가 흉포한 모습을 드러내려 할 때, 교사이자 아버지인 나는 종종 이런 말을 인용한다.

'어둠을 저주하는 것보다는 하나의 촛불을 밝히는 것이 훨씬 낫다.'

이 문장은 내 책상 위에 걸려 있어서 글을 쓸 때나, 학생들을 가르치러 가기 전에 읽어 본다. 해리스는 미시간 주의 하이랜드파크라는

넘어져도 일어서라!

영화 〈매트릭스〉의 주인공 키아누 리브스에겐 깊은 상처가 있다. 리브스가 겨우 세 살 때, 그의 아버지는 가족을 버렸다. 그의 어머니는 결혼과 이혼을 4번이나 반복했다. 그뿐 아니라 그는 자신의 아이가 유산되고 연인의 죽음까지 경험했다. 그러한 아픔을 경험했지만 리브스는 할리우드에서 가장 너그럽고 인정이 많은 배우로 알려져 있다. 영화와 실제의 삶 모두에서 그는 성공을 이루었다.

마을에서 온 힘을 다해 촛불을 밝히는 사람이다. 숙제의 집에 벽돌 하나씩 얹힐 때마다 촛불도 하나씩 켜진다. 도서관에 책 한 권씩 모일 때마다 촛불도 하나씩 켜진다. 어둠을 몰아내는 만큼 절망도 사라진다.

여러분은 어떤 작은 촛불을 밝힐 수 있는가? 여러분의 작은 촛불 하나가 한 사람에게 용기를 줄 수 있다. 그리고 그는 또 다른 사람에게 용기를 불어넣어 촛불을 밝히게 할 것이다. 그 불빛이 얼마나 멀리 퍼질지 누가 알겠는가? 해리스가 보여 준 것처럼 사랑으로 두려움과 실패에 맞설 때, 우리 마을뿐 아니라 세계의 모든 마을에서 일어날 변화들을 상상해 보라.

12 듀크 카하나모쿠
Duke Kahanamoku

우리가 도착하기 전에
이미 물속에 가라앉은 몇 사람은
구할 수가 없었어요. 만약 서프보드가
없었다면 우리는 그 사람들 가까이
갈 수도 없었을 거예요.

서핑(파도타기)은 기록으로 남은 가장 오래된 인류의 활동만큼이나 오래된 고대의 스포츠이다. 거의 모든 대륙의 해안에서 행해져 왔으며, 서핑이 사라진다는 건 상상도 할 수 없는 일이었다. 모두가 서핑을 좋아했는데 이는 미국 초기의 대통령들도 입증한다.

조지 워싱턴(미국 초대 대통령): 나는 옛날에 벗나무 한 그루를 잘랐네. 부끄러운 일이었지. 하지만 파도를 자르는 일만큼은 부끄러워하지 않는다네. 큰 파도를 찾아내서 자르는(가르는) 것은 해도 해도 즐겁다네, 친구!

존 애덤스(미국 2대 대통령): 이봐, 이봐! 당장 그대 의견에 동의하겠네. 그러니 이제 이 가발을 벗고 파도 위에 올라타게 나를 놓아주게! 그게 끝내주잖아!

현대에 들어와 대중음악그룹인 '비치보이스'가 서핑에 관한 노래를 불렀을 때 그들은 서핑의 영광스러운 과거를 목 놓아 찬양했다. 그리고 서핑하면 빼놓을 수 없는 최고의 인물이 있다. 항상 자신의 민족성과 역사에 깊은 존경을 보이고 서핑도 매우 훌륭했던 카하나모쿠이다.

전혀 사실이 아니다!

만일 1890년, 하와이에서 태어난 카하나모쿠와 같은 사람이 없었다면 서핑이라는 스포츠는 완전히 사라졌을 것이다. 그리고 그가 세계에 서핑을 알리는 여정도 쉽지 않았을 것이다. 그는 편견과 불확실한 미래를 극복해야만 했고, 바다와 그가 사랑하는 스포츠를 널리 알리려 노력하다가 거의 목숨을 잃을 뻔했다. 그는 할리우드에서 성공할수도 있었다. 그러나 다행히도 서핑은 다시 한번 세상의 주목을 받았고, 그는 서핑계의 영웅이 되었다. 카하나모쿠는 실패에 좌절하지 않는 상징적인 영웅이다.

이제 그 이야기를 하려고 한다.

1900년대 초에 서핑은 죽어가는 스포츠였다. 하와이 밖에서는 거의 알려지지 않았고, 하와이 내에서조차 사람들의 관심 밖으로 밀리고 있었다. 흩어진 소수의 서핑 애호가들만이 파도에 올라탈 뿐이었다.

사람들이 수영에만 관심이 있을 때, 카하나모쿠는 서핑에도 관심을 가졌다. 수영선수로 다져진 그의 신체는 서핑에 빠르게 적응했고, 그는 세계 최고의 서핑 애호가이자 서핑 전도사가 되었다. 그는 물속에서 누구보다 빠른 속도로 물살을 갈랐고, 탁월한 수영 실력으로 올림픽에도 나갔다. 1912년 스톡홀름올림픽과 1920년 안트베르펜올림픽에 미국 수영대표팀으로 출전했다(1916년 베를린올림픽은 제1차 세계대전으로 인해 취소되었다). 이 두 번의 올림픽에서 카하나모쿠는 다섯 개의 메달을 목에 걸었다. 대표팀과 함께 세계를 돌고 수영선수로서의 명성을 얻어가면서, 카하나모쿠는 서핑이라는 스포츠도 세상에 알렸다.

1922년, 카하나모쿠는 한동안 남부 캘리포니아로 가서 친구들과 서핑을 즐기며 그 스포츠의 매력을 알렸다. 그곳에서 지내면서 그는 12명의 사람을 구조하여 신문에 크게 다뤄지기도 했다.

1925년 6월 14일, 뉴포트 항구로 진입하려 애쓰는 한 척의 요트가 카하나모쿠와 친구들의 눈에 들어왔다. 하지만 태풍으로 요트는 심하게 흔들렸고, 배가 뒤집혀서 승객들이 위험할 수도 있는 상황이었다.

곧 그의 서프보드는 구조선이 되었다. 카하나모쿠와 그의 친구들은 텔마라는 이름의 요트로 서프보드를 저어갔다. 그들이 도착할 때쯤 요트는 뒤집혀서 이미 가라앉기 시작했다. 카하나모쿠는 요트의 승객 한 명을 그의 서프보드에 얹어서 해안으로 옮겼다. 그 사람을 무사히 구하고 그는 재빨리 요트로 돌아갔다.

카하나모쿠와 친구들은 요트로 몇 번을 왕복한 끝에, 17명의 승객 중에 12명을 구조할 수 있었다(8명은 카하나모쿠가 구조했다). 그는 그때의 장면을 이렇게 묘사했다.

"비명을 지르면서 물을 삼키던 사람들에게 다가가서 제가 제일 먼저 한 일은, 미친 듯이 휘젓는 팔이나 다리를 잡는 것이었어요. 처음엔 한 사람을, 그다음엔 두 사람, 그리고 세 번째는 세 사람을 제 서핑보드에 걸친 것 같아요. 우리가 도착하기 전에 이미 물속에 가라앉은 몇 사람은 구할 수가 없었어요. 만약 서프보드가 없었다면 우리는 그 사람들 가까이 갈 수도 없었을 거예요."

서핑에 대한 카하나모쿠의 열정이 그날 요트에 탑승한 많은 사람의 목숨을 구했다. 그의 서프보드는 구조장비가 된 것이었다.

기적적인 구조 소식은 금세 퍼졌지만, 그렇다고 해서 카하나모쿠가 피부색 때문에 겪어야 했던 편견과 괴롭힘이 사라진 것은 아니었다. 서핑을 끝내고 난 이후, 그와 친구들은 지역의 식당에서 자리가 나기를 기다리고 있었다. 하지만 테이블로 안내해야 할 직원은 그에게 이렇게 말했다.

"우리 식당은 흑인을 받지 않아요."

카하나모쿠는 요트 승객들을 구하기 위해 최선을 다했듯이, 자신의 서프보드와 함께 운명에 맞서 싸웠다. 그는 서핑을 통해서 그의 열정을 사람들과 나눴고, 그 결과로 서핑에 관한 관심이 널리 퍼지기 시작했다. 카하나모쿠는 서핑이 올림픽 종목에 포함되는, 그리고 최고 수준의 서핑선수들과 경쟁하는 꿈을 꾸었다. 하지만 관심이 늘었다 해도 서핑은 여전히 미국에서 잘 알려지지 않은 스포츠였다. 그는 결국 고향인 하와이로 돌아가 친구들과 함께 노년을 보내기로 했다.

> 비명을 지르면서 물을 삼키던 사람들에게
> 다가가서 제가 제일 먼저 한 일은 미친 듯이
> 휘젓는 팔이나 다리를 잡는 것이었어요.
> 처음엔 한 사람을, 그다음엔 두 사람,
> 그리고 세 번째는 세 사람을
> 제 서프보드에 걸친 것 같아요.

듀크
카하나모쿠

카하나모쿠가 고향으로 돌아오자 하와이 원주민들은 기쁨에 들떴다. 그는 고향에서 진정한 영웅이었다. 그리고 자신의 명성을 활용해

서핑에 관한 관심을 불러일으켰다. 하지만 그도 먹고는 살아야 했다. 다섯 개의 올림픽 메달을 따고, 침몰한 요트에서 8명의 사람을 구조하고, 인종차별주의와 편견에 맞서 싸웠지만, 그는 주유소의 직원으로 일했다. 그는 두 곳의 주유소에서 부자들의 비싼 차에 기름을 채우며 삶을 이어가고 있었다.

카하나모쿠는 서핑을 포기할 뿐만 아니라, 자신이 가지고 있는 열정조차도 알리길 포기한 것일까? 그래서 여생을 주요소에서 기름을 넣는 일로 보낼 것인가?

어림 반푼어치도 없는 소리다.

이미 카하나모쿠의 삶은 할리우드의 영화 소재가 될 만했으나, 이 불굴의 사나이에게는 그보다 훨씬 더 큰 꿈이 있었다.

1934년, 그는 공직에 출마하기로 했다. 지역보안관을 뽑는 투표용지에 자신의 이름을 넣었다. 그리고 당선되었다! 그는 보안관 사무실을 12년 동안 지켰고, 그 기간 내내 서핑에 관한 관심을 전 세계적으로 높이기 위한 노력을 멈추지 않았다.

서핑에 관한 관심이 서서히 증가하면서 사라질 위기에서 그 스포츠를 구해낸 카하나모쿠에 대한 전설도 널리 퍼져 나갔다. 그는 1930년대에 하와이를 방문한 미국 대통령인 프랭클린 루스벨트와도 만났다(만일 여러분이 미국의 역사를 공부했다면, 당시에 하와이가 미국의 식민지였음을 알 것이다). 그는 루스벨트의 아들들에게 패들링(보드에 엎드린 채 물살을 헤치고 가는 기술)과 물 위에서의 기술 한두 개를 가르치기도 했다.

그리고 1940년대와 1950년대엔 25편이 넘는 할리우드 영화에도 출연했다. 영화에서 그는 해적, 페르시아인, 터키인, 인도인, 군인, 그리고 경호원 등 다양한 배역을 소화했다. 이제 세상은 그를 잘 알게 되었고, 사람이 파도 위에 올라탄 채로 해안으로 미끄러져 들어오는 그 스포츠에 경이로운 시선을 보냈다.

카하나모쿠의 명성은 점점 더 높아졌다. 1959년에 하와이가 공식적으로 미국의 50번째 주로 편입되자 수많은 방문객과 여행객들, 그리고 주요한 인사들이 그 기념비적인 행사를 기념하기 위해 하와이로 몰려들었다. 1960대 초, 미국의 인기밴드인 '비치보이스'가 하와이 문화행사에 참석해서 〈Surfin U.S.A.〉라는 곡을 공연한 덕분에 카하나모쿠는 서핑을 마음껏 알릴 수 있었다.

결국 그의 원대한 꿈이 이루어졌다. 서핑은 미국에서 광적인 인기를 얻었을 뿐만 아니라 전 세계로 뻗어 나갔다. 카하나모쿠는 서핑을 배우기 위해 몰려오는 사람들을 환한 미소로 맞을 준비가 되어 있었다(영국의 엘리자베스 여왕은 예외다. 여왕이 하와이를 방문했을 때 그는 서핑 대신 훌라춤을 가르쳐 주었다!).

카하나모쿠가 어렸을 때 서핑은 죽어가던 스포츠였다. 극소수의 하와이 원주민들만이 파도를 탈 뿐, 영원히 사라질 운명처럼 보였다. 하지만 타고난 재능과 성실함, 그리고 카리스마를 갖춘 한 젊은이가 서핑에 새로운 숨을 불어넣어 주었다. 카하나모쿠는 죽어가던 스포츠에 전 세계가 빠져들게 했다! 그는 파도 위는 물론이고 땅 위에서도

'비틀스'는 기타를 치며 노래하는 밴드는 더는 인기가 없으며, 음악 시장에서 살아남지 못할 거라는 얘기들을 들었다. 그 예측 자체가 큰 실수였다! 비틀스는 영국 역사에서 가장 많은 음반이 팔린 밴드이다.

거대한 성공을 거두었다. 올림픽에서 다섯 개의 메달을 딴 수영선수로서, 할리우드 스타로서, 생명을 구조한 영웅으로서, 지역의 보안관으로서, 그리고 주유소의 직원으로서, 카하노모쿠는 그 모든 일에 헌신하는 자세로 임했다. 그가 할 수 있다고 믿었기 때문에 사랑하는 꿈과 목표를 위해서 노력을 멈추지 않았다.

여러분은 꿈을 향한 열정만으로 어디까지 버틸 수 있는가?

여러분은 로봇공학에 완전히 빠져 있지만, 학교의 어떤 친구도 관심을 두지 않을 수 있다. 카하나모쿠의 사례를 통해서 관심을 불러일으키려고 노력해 보라. 여러분의 관점으로 본 로봇공학의 경이로움과 아름다움을 사람들 앞에서 시연해 보라. 여러분은 미술, 문학, 수학, 축구, 혹은 애니메이션이나 목공예를 사랑할 수도 있다. 다른 친구들이 그러한 여러분의 열정에 관심을 보이지 않더라도 포기하지 말 것! 조금만 알기 시작하면 그들도 역시 빠져들게 될 것이다.

그리고 여러분이 훌륭한 성공을 이뤘는데도, 초라한 상황에 떨어질 수도 있다. 그러나 걱정하지 마라. 여러분에겐 카하나모쿠라는 동료가 있다. 그는 올림픽 메달리스트이자 생명을 구한 영웅임에도 주유소에서 일했다. 그것은 창피한 일이 절대 아니다. 게다가 성공의 가장 큰 증거는 메달이나 업적이 아니라, 평소에도 헌신적인 삶을 살아가는 데 있는 것이다. 성취과정에서 헛디딘 발걸음은 실패가 아니다. 꿈을 포기하는 것이 더 큰 비극인 것이다.

살면서 우리 자신을 깨닫게 해 주는 경험들은 우리에게 새로운 꿈과 미래를 창조할 기회를 준다. 어느 날, 차에 기름을 넣으며 카하나 모쿠는 이런 생각을 했을 것이다.

'지역보안관에 출마해 보자!'

새로운 목표가 탄생한 것이다. 종종 화려하지 않은 역할들이 우리를 눈부신 성공의 길로 안내한다.

데릭 레드몬드 Derek Redmond

1992년, 스페인의 바르셀로나. 올림픽에서 금메달을 꿈꾸는 모든 육상선수가 그곳으로 모여들었다. 영국의 데릭 레드몬드도 400미터 경주에 참여하고 있었다. 푸른색 반바지와 영국 국기가 선명하게 새겨진 흰색 셔츠 차림의 레드몬드는 출발 자세를 취했다. 총성이 울렸고 그의 몸은 총알처럼 튕겨 나갔다!

선수들이 곡선 구간을 지나고 있는데 무언가 트랙에서 튀어 올랐다. 다리가 경직된 레드몬드의 몸이 튀어 오른 것이다. 관중들이 몸을 앞으로 굽혔다. 큰일이 벌어진 것이다.

고통에 얼굴이 일그러진 레드몬드는 트랙 위에 쓰러졌다.

그는 실패했다. 그것도 가장 극적인 방식으로.

의료진이 달려왔지만, 그는 손을 내젓고는 스스로 일어났다. 그리고 결승선을 향해 절뚝거리며 뛰기 시작했다. 관중들은 모두 기립해서 그를 응원했다.

그때 보안요원의 만류를 뿌리치고 레드몬드의 아버지가 트랙 안으로 들어왔다. 그는 아들의 어깨에 팔을 두른 채 결승선을 향해 나란히 트랙을 걸었다. 레드몬드는 눈앞에서 꿈이 사라져 가는 것을 지켜보아야만 했다. 경주는 끝났고, 공식 요원들은 둘에게 트랙 밖으로 나가라고 요청했다. 하지만 아버지는 길을 비켜 달라고 손짓하면서 아들과 함께 앞으로 계속 나아갔다.

그리고 둘은 함께 결승선을 통과했다.

처음엔 누가 봐도 명백한 실패였지만, 그 장면은 올림픽 역사상 가장 감동적인 순간 중의 하나가 되었다. 그 장면은 끊임없이 상영되며 수많은 사람에게 성공의 정의를 되돌아보게 했다. 성공이란 어떤 역경에도 꿈을 포기하지 않는 것이라는 사실을 알려 주었다. 비록 그날의 치명적인 부상으로 올림픽 메달의 꿈은 끝나 버렸지만, 의료진들에게 손을 저었듯이 레드몬드는 실패하기를 거부했다. 그는 다른 열정을 새로이 좇아서 프로 농구선수가 되었으며, 많은 강연을 통해 사람들에게 동기를 부여했다.

그의 아버지는? 그는 여전히 레드몬드의 변함없는 지지자이며, 2012년 런던올림픽에서는 성화를 봉송하기도 했다.

처음엔 누가 봐도 명백한 실패였지만, 그 장면은 올림픽 역사상 가장 감동적인 순간 중의 하나가 되었다.

13 임마누엘 오포수 예보아
Emmanuel Ofosu Yeboah

중도에 포기하면
여러분은 영웅이 될 수 없어요.
멈추지 마세요.
그게 핵심입니다.
멈추면 안 됩니다.

예보아가 비록 오른쪽 다리에 장애를 안고 태어났지만, 그가 속한 사회는 그를 정상적인 구성원으로 받아들였다. 그의 부모님은 그를 튼튼하게 키웠으며, 가나 정부의 다양한 보호제도는 그에게 비장애인과 똑같은 기회를 제공했다. 장애인을 위한 지원과 사회적 연결망 덕분에 예보아는 손쉽게 체육인과 지역사회의 리더로서 많은 꿈을 좇을 수 있었다. 유능하고 창조적이며 헌신적인 사회구성원으로서의 그의 발전과 지위는 의심의 여지가 없다.

헛소리는 무시해 버려라! 전혀 사실이 아니다.

1970년대, 아프리카 가나에서 장애를 갖고 태어나면, 남자든 여자든 저주받은 아이로 생각되어 가족들에게 대부분 버림받았다.

1977년, 예보아는 왼쪽 다리만 멀쩡한 채로 태어났다. 그의 오른쪽 다리는 무릎 아래에 정강이 뼈가 없이 오글쪼글한 상태였으며, 그 사실을 알고 그의 아버지는 예보아가 저주를 받았다고 생각해 멀리 달아나 버렸다. 가족과 친분이 있는 사람들은 예보아를 키우는 대신에 버리거나 죽여야 한다고 말했다.

하지만 예보아의 어머니인 컴포트는 전혀 다르게 생각했다. 그녀는 아들을 건강하고 용감한 아이로 키울 수 있다고 믿었다. 예보아는 자신이 저주받은 존재가 아님을 증명해야 했다. 초등학교 시절부터 전문적인 체육인이자 사회의 지도자가 되기까지, 자신을 따라다녔던 사회적 낙인과도 싸워야 했다.

예보아는 오로지 어머니의 말만 들었다. 그는 자신을 실수로 생긴 존재, 실패작, 수치로 여기는 다른 사람들의 말은 무시했다. 그들의 말로 자신을 정의하지 않고, 어머니의 격려와 응원을 믿고 받아들였다. 예보아의 어머니는 그가 어릴 적부터 한쪽 다리로 다른 사람들이 하는 일을 똑같이 하도록 했다. 그는 학교에도 어머니의 도움 없이 혼자서 등교했다. 그리고 그가 남들의 도움 없이도 스스로 할 수 있다고, 자신이 강하다고 느끼게 해 주었다. 물론 그 과정에서 예보아는 많은 놀림과 괴롭힘을 견뎌야 했다.

예보아는 자신이 저주받은 존재이자 실패작이라는 세상의 편견과 맞서 싸웠고, 어머니의 격려와 응원 덕분에 힘을 얻을 수 있었다고 말했다.

"어머니는 말했어요. 제가 학교에 갈 수 있고, 훌륭한 사람이 될 수 있다고."

예보아의 어머니도 얼마나 용감한가. 기존의 사회적 가치를 부정하고 틀렸음을 증명하는 것은 쉬운 일이 아니다. 특히 주위에서 여러분을 반대한다면 더욱 그렇다. 어쩌면 바로 그러한 상황에서 극한의 용기를 발휘한 어머니를 보고 자랐기 때문에, 예보아가 강해졌는지도 모른다.

> **어머니는 말했어요. 제가 학교에 갈 수 있고, 훌륭한 사람이 될 수 있다고.**

임마누엘
오포수 예보아

예보아는 어머니의 말을 빠르게 실천했다. 학교에서 자신을 놀리는 남자아이들이 더는 그러지 못하도록 기발한 계획을 세웠다. 그는 구두를 열심히 닦아서 모은 돈으로 축구공을 샀다. 축구공은 학교의 남자아이들이 가장 갖고 싶어 하는 것이었다. 그래서 예보아가 공을 갖고 등교했을 때, 남자아이들은 너도나도 그 공을 차고 싶어 했다. 예보아는 자신도 함께 축구를 하는 조건으로 남자아이들과 어울렸다.

아이들은 그 제안을 받아들였다. 예보아는 있는 힘을 다해 운동장을 내달렸다. 목발로 균형을 잡으며 다른 아이들만큼 열정적으로 공을 찼다. 그는 자신을 증명하고, 자신을 깔보는 사람들에게 인정받는 게 어떤 느낌인지 알기 시작했다. 예보아는 훨씬 큰 모험에 도전하기로 했다.

1990년, 열세 살의 예보아는 일자리를 구하기 위해 가나의 수도인 아크라로 갔다. 어머니는 아들이 학교를 계속 다니길 원했으나, 예보아는 다른 사람들처럼 자신도 가족을 먹여 살릴 수 있음을 보여 주고자 했다. 장애가 있는 사람은 어린 시절이 지나면 정상적으로 삶을 유지할 수 없었고, 대부분 길에서 돈과 음식을 구걸하는 거지로 살았다. 예보아는 가족을 충분히 먹여 살릴 수 있는 일자리를 찾기로 다짐했다. 하지만 그가 아크라에서 하루 약 2천 원 벌이의 구두닦이를 열심히 하는 동안 고향의 어머니가 돌아가셨다.

어머니의 죽음으로 세상이 무너져 내린 것 같았지만 예보아는 멈추지 않았다. 어머니의 믿음이 옳았다는 것을 증명하기 위해서, 그는 엄청난 계획을 실행하기로 마음먹었다. 자신이 실패작이 아니라는 사실을, 가나에 사는 모든 사람에게 알릴 계획이었다. 무슨 계획이었을까? 오직 한 다리만 가지고 가나를 자전거로 횡단하는 것이었다. 그가 성공한다면 장애가 있는 사람도 놀라운 성공을 이룰 수 있다는 사실을 증명하는 것이나 마찬가지였다.

다만 이 계획에는 커다란 문제가 있었다. 예보아는 자전거도 없었고, 자전거를 타는 법도 몰랐다. 그래서 구두를 닦아서 번 돈으로, 그는 캘리포니아에 있는 '장애운동선수재단'이라는 단체에 한 통의 편지를 써 보냈다(이 재단은 심각한 장애가 있는 선수들이 꿈을 이룰 수 있도록 보조금과 상금을 제공한다). 예보아는 편지에서 자전거 횡단 계획과 그 이유를 설명했다. 장애운동선수재단은 그에게 약 백만 원을 보내 주었다. 그 돈으로 산악자전거와 헬멧, 팔꿈치와 무릎 보호대, 그리고 필요한 부품들을 살 수 있었다. 이제 그는 자전거로 가나를 가로지르는 도전을 시도할 준비를 마쳤다.

2001년, 스물네 살인 예보아는 몇 달간의 훈련을 마치고 다들 불가능하다고 말한 도전에 돌입했다. 하루하루가 지날수록 구경꾼들이 늘어났고, 그의 모든 움직임을 담으려고 카메라들이 쫓아다녔다. 언론의 관심이 갈수록 높아졌고, 예보아는 목숨을 건 자전거 횡단을 통해서 가나에 있는 2백만 명의 장애인이 받는 불평등한 대우를 세상에 알렸다. 그의 횡단 소식은 전국적인 관심을 끌었고, 미국에도 알려졌다.

예보아의 도전은 성공이었다.

과감히 방향을 틀어라!

마이크 에드워즈는 한쪽 다리에 장애를 가지고 태어났다. 그는 운동을 좋아했지만, 장애가 있는 다리 때문에 어떤 운동도 제대로 할 수 없었다. 결국 그는 힘든 결정을 내렸다. 장애가 있는 부분을 절단하고, 의족으로 대체하기로 한 것이다. 그는 고등학교 농구팀에 들어갔으며, 결국 노틀담 대학 남자농구팀의 선수로 뛰었다!

그가 580킬로미터를 완주했을 때, 가나에 사는 모든 사람이 예보아라는 이름을 알게 되었다. 사람들은 그가 어떻게 살아왔으며, 왜 불가능해 보이는 도전을 시도했는지 이해하게 되었다. 장애인이 수치스럽다거나 악마의 저주라는 거짓말을, 가나에서 더는 할 수 없게 되었다. 예보아가 불가능해 보이는 도전을 성공한 덕분에 그러한 인식을 말끔히 없애 버린 것이다. 그 결과, 수많은 사람이 장애인도 평등하게 대우받고 더 많은 직업을 구할 수 있도록 해야 한다고 주장했다. 그리고 오랜 세월 동안 묻혀 있었던, 장애가 있는 시민들에 대한 인식을 바로잡기 시작했다.

예보아의 성공은 얼핏 보면 자전거 횡단에서 시작된 것처럼 보인다. 하지만 사실은 아들을 '훌륭한 사람'으로 만들기 위한, 어머니의 사랑과 믿음의 씨앗이 꽃을 피운 것이었다. 그의 성공은 사람을 어떻게 판단하고 대우해야 하는지, 사회의 역할을 되돌아보게 했다. 장애인에 대한 편견을 받아들이지 않고 어머니의 신념을 믿었기에, 예보아는 사회를 근본적으로 바꿀 수 있었다. 그는 자신의 도전을 통해 가나 정부가 법적으로 장애인들을 평등하게 대우해야 한다는 사실의 중요성을 일깨워 주었다.

그리고 이러한 장애인에 대한 인식의 변화는 2004년에 분명하게 확인할 수 있었다. 예보아는 가나를 대표해서 아테네올림픽의 성화를 봉송했다. 그가 자전거로 가나를 횡단하고 3년 만에 이루어진 변화였다!

여러분은 사회의 편견을 무시하고 당당하게 일어설 수 있는가? 학교복도에서 누군가 여러분을 조롱한 적이 있는가(여러분이 친구라 생각했던 사람일 수도 있다)? 여러분의 외모와 행동 때문에 여러분에게 쏟아진 편견과 싸워 본 적이 있는가? 여러분의 몸무게, 종교, 피부색, 취미, 가족, 성장배경, 말투, 어울리는 친구들, 그리고 어떤 이유로 그들은 여러분을 조롱할 것이다.

만일 그런 상황에 부닥친다면 여러분 앞에는 두 개의 선택지가 있다. 그 상황에 맞춰 부끄러움을 느끼고 침묵하든가, 아니면 여러분이 믿는 진실을 외치는 것이다. 여러분이 어떻게 대응하느냐에 따라서, 여러분을 조롱하는 이들이 왜 그런 행동을 하는지 깨달을 수 있다. 그것은 모르는 것에 대한 두려움, 자신과 다른 것에 대한 두려움, 그리고 권력과 지위를 가진 자들이 잃을까 봐 느끼는 '두려움'이다. 그래서 사회는 그 구성원 모두의 가능성을 이해하려 하기보다는 현재의 상태를 유지하려고 한다.

예보아는 580킬로미터의 자전거 횡단을 통해서 자신을 조롱하는 사람들의 입을 틀어막았다. 그리고 감동적인 모습으로 횡단에 성공했을 때, 많은 사람이 장애와 실패에 관한 자기 생각이 논리적이지도, 올바르지도 않음을 인정했다. 더 나아가 그들은 자신들의 오류를 깨닫고 장애인들을 동등한 시선으로 바라보기 시작했다.

오늘날 예보아는 아주 유명한 활동가이자 체육인이다. 그는 미국과 가나의 학교를 비롯한 다양한 장소에서 강연하며, 장애가 있는 사람들의 인권을 위해 싸운다. 그의 마음속에 품었던 꿈 하나가 있었다. 유치원부터 고등학교 과정을 마칠 때까지, 장애가 있는 7백 명의 학생들과 함께 꾸려가는 학교이다. 그 학교를 세우기 위해 예보아는 약 58억 원을 모금할 예정인데, 첫 삽은 벌써 떠졌다. 가나 정부가 학교가 세워질 땅을 기부한 것이다.

뛰어난 활동가인 예보아는, 자상한 남편이자 세 딸의 아버지이기도 하다. 아무리 오래 걸려도 끝까지 완수하는 것이, 예보아가 무엇보다 그의 삶에서 중요시하는 것이다. 그는 말한다.

"중도에 포기하면 여러분은 영웅이 될 수 없어요. 멈추지 마세요. 그게 핵심입니다. 멈추면 안 됩니다."

명심하자. 여러분이 존재하는 이유는 남들이 알려줄 수 없다. 사람은 실패라는 명사나, 수치스럽다는 형용사가 될 수 없다. 실패란 우리 자신을 정의하는 것이 아니라, 우리가 사는 동안 일어나거나 경험하는 사건일 뿐이다. 이러한 도전에 맞서는 우리의 대응이 우리를 정의한다. 그 환경 자체가 우리를 정의하는 것이 아니다. 예보아는 사회 전체에 수천 년 동안 뿌리박혀 있던 편견에 맞서서 그것을 무너뜨렸고, 다른 사람들이 자신의 참모습을 보여 줄 수 있는 길을 열었다.

> 중도에 포기하면 여러분은 영웅이 될 수 없어요. 멈추지 마세요. 그게 핵심입니다. 멈추면 안 됩니다.

임마누엘
오포수 예보아

확신한다면 외쳐라. 믿음대로 행동하라. 그리고 여러분이 편견에 침묵하지 않을 것이며, 그들의 규정 따위에 휘둘리지 않겠다고 알려라. 여러분의 학급과 학교, 그리고 지역사회를 근본적으로 바꿀 능력은 이미 여러분에게 있다. 여러분은 자신이 누구이며 무엇을 원하는지 알고 있는가? 그렇다면 여러분은 최선을 다해서 앞으로 나아갈 방향만 알면 된다. 여러분이 자신에 대해 확신하는 순간, 여러분의 정신은 놀라운 힘을 가지게 될 것이다. 자신에게 물어보라.

타인들의 편견을 넘어선 진정한 나는 누구인가?

사회는 어떻게든 여러분을 좌절시키려 하겠지만, 필사적으로 그 답을 찾아라. 진정한 여러분을 보여 주는 것이 승리하는 길이다.

14 힐러리 클린턴
Hillary Rodham Clinton

여러분은
재능을 가지고 있습니다.
자신의 꿈을 성취하기 위해
이 세상의 모든 기회를 받을 가치가
있음을 의심하지 마십시오.

최초의 미국 여성 대통령 후보자로 지명되는 과정에서 클린턴에게 어려움이란 없었다. 그녀는 모든 부문에서 사람들의 존경을 받았으며, 그녀의 정치관은 언제나 유권자의 이익을 중요하게 여겼다. 언론이나 반대파들은 그녀의 옷차림이나 화장, 혹은 목소리를 가지고 조롱하거나 무시하지 않았다.

또한 그녀는 아동 의료보험을 통과시키기 위해 노력했고, 그러한 노력으로 모든 정치인에게 칭찬을 받았다. 비록 2016년 대통령 선거에서 패했지만, 상대편 후보는 그녀를 정중히 대했으며 괴롭히지 않았다. 오히려 이전에 어떤 미국 여성도 극복하지 못한 장벽을 무너뜨린, 역사적인 역할에 대해 전 미국으로부터 존경을 받았다.

그랬으면 좋았겠지만!

클린턴은 존엄한 대우를 받기는커녕 최초의 여성 대통령 후보자가 되는 선거에서 혹독하고 무례한 대응을 겪어야만 했다. 하지만 그녀는 정책을 통한 사회변화를 끌어내기 위해 모든 과정을 용기 있게 견뎌냈다.

2016년의 대통령 선거운동을 뒤돌아보면서, 클린턴은 대통령에 도전하는 여성에게 씌워진 이중적인 잣대에 대해 언급했다.

"우리가 너무 강인하면 비호감이 됩니다. 너무 부드러우면 큰 판에 입장조차 할 수 없어요. 너무 열심히 하면 가족을 등한시하는 여자가 돼요. 그런데 가족을 우선으로 삼으면 일을 가볍게 여기는 여자가 되죠. 경력은 화려한데 아이가 없으면 여자로서 문제가 있는 거예요.

그 반대의 경우도 마찬가지고요. 더 높은 지위를 위해 경쟁하면 우리는 야망이 과한 사람이 되죠. 도대체 우리는 여자로서 행복질 수 없는 걸까요? 우리는 남자들을 위해서 사다리의 더 높은 가로대를 남겨 둬야만 하는 걸까요?"

이 질문들에 대한 클린턴의 대답은 단연코 '아니오!'이다. 2016년, 그녀는 대통령 선거운동 기간에 지지율을 올리기 위해 노력했다. 그런 그녀의 노력에 조롱과 비난이 넘쳐났지만, 힐러리는 그것을 견뎌냈다. 환경보호, 저소득층(특히 어린이들)에게 의료보험 제공하기, 대학 진학 기회의 확장, 총기사고를 줄이기 위한 총기규제법의 통과 등이 그녀의 공약이었다. 그녀는 지속해서 반대 후보자 측이 자신을 공격하고, 언론이 자신을 매장하려는 시도를 알고 있었다. 언론은 공격적인 반대 후보자 측에 더욱 관심을 가지고, 더 많은 기사와 인터뷰를 제공했다. 이러한 공격을 통해 클린턴은 자신을 향한 공격의 핵심이 성차별주의라는 것을 알았다. 그녀는 성차별주의를 이렇게 정의했다.

"성차별주의는 사회가 여성들 둘레에 상자를 그려놓고 '여러분들은 그 안에만 있어'라고 말하는 것과 같습니다."

절망에서 정상으로!

주방에서는 실패가 명인을 만들기도 한다! 루카 만페는 TV 프로그램 〈마스터 셰프〉 시즌3에 참여하려 했으나 탈락했다. 하지만 끊임없이 노력한 끝에 시즌4에 발탁된 것은 물론이고, 우승컵을 거머쥐었다.

클린턴의 열정은 어디에서 나오는 것일까? 그녀가 끊임없는 비웃음을 견뎌내고 포기하지 않는 용기를 갖게 된 건 언제부터였을까? 2016년 대통령 선거보다 훨씬 이전부터이다.

클린턴이 어린 소녀였을 때부터 부모님은 그녀에게 자신의 목소리를 내고, 남들이 아무리 기를 죽이려고 해도 물러서지 말라고 격려했다. 어느 날, 집으로 돌아온 어린 클린턴은 동네 아이들이 자신과 함께 놀아 주지 않는다고 투덜거렸다. 어머니 도로시 로덤은 침묵하거나 주의를 돌리기 위해 TV를 틀지도 않았고, 별일 아니니 너무 걱정하지 말라는 말도 하지 않았다. 오히려 그녀는 딸에게 평생을 간직할 조언을 해 주었다.

"얘야, 당장 밖으로 나가서 아이들에게 네 뜻을 전하렴."

그리고 어린 힐러리는 어머니의 말대로 밖으로 나가 아이들에게 자신은 빠지지 않을 것이며, 함께 놀고 싶다고 말했다. 그중 한 아이가 그녀를 밀어내려 했지만, 클린턴은 꿈적도 하지 않았다. 놀란 다른 아이들이 그녀를 받아들이고 함께 놀았다.

힐러리
로덤 클린턴

성차별주의는 사회가 여성들 둘레에 상자를 그려놓고 '여러분들은 그 안에만 있어'라고 말하는 것과 같습니다.

그때 이후 '밖으로 나가는 것'은 완전히 다른 경험이 되었다. 그날의 용기를 통해서 클린턴은 사람들이 항상 자신에게 우호적이지는 않으며, 때로 그들과 함께하려면 스스로 요청해야 한다는 것을 배웠다. 전체 학생 중 5분의 1이 최소한 한 달에 두 번은 괴롭힘을 당하는 나라에서 클린턴의 사례는 특이한 것이 아니다. 그녀가 선거에서 괴롭힘을 당한 경험도 똑같다.

클린턴은 성장하면서 항상 사람들의 기본적인 권리를 위해 목소리를 높였다. 그녀는 자신은 물론이고 다른 사람들이 소외되는 것을 용납하지 않았다. 그녀는 매사추세츠 주에 있는 여자대학인 웰즐리 대학 정치학과를 다녔는데, 졸업반이 되자 법학대학원을 가고 싶었다. 하버드 법학대학원과 예일 법학대학원에 모두 입학자격을 얻었는데 하버드의 한 교수가 반대했다.

"하버드에 더는 여자가 필요 없어."

그런데 이러한 괴롭힘은 하버드의 교수만의 것이 아니었다. 클린턴과 친구가 어려운 법학대학원 입학테스트를 받고 있을 때, 같은 테스트를 받고 있던 일부 남자들이 그녀에게 잔인한 말을 했다.

"집으로 돌아가서 결혼이나 하지 그래?"

"넌 이곳에 어울리지 않아."

클린턴이 법학 학위를 취득할 권리를 위해 싸운다는 이유로, 남자들은 계속 그녀를 무너뜨리려 했다(1960년대 후반, 법학대학원은 백인 남자들의 세상이었고 클린턴의 경우처럼 여자 법학대학원생은 극히 예외적인 존재였다).

현실이 얼마나 끔찍했을지 생각해 보라. 능력과 경쟁력, 그리고 지성을 갖춘 사람이 오직 여자라는 이유 하나만으로 남자들에 의해 끊

굽히지 않는 용기를 가져라!

2016년 7월 31일, 고이케 유리코는 일본 최초의 여성 도쿄도지사로 선출되었다. 그녀는 심지어 소속 정당이던 자민당으로부터 내쳐진 후 무소속으로 출마해 재선에 성공하였다.

임없이 괴롭힘을 당하는 현실을.

이제 여러분이 그녀의 입장이 되어 보자. 어느 한 분야를 너무 좋아해서 학위를 얻고 싶은데, 정당한 이유 없이 부적합하다는 말을 계속 듣는다면 어떨까. 공부에 임하는 여러분의 자세나 경험, 지식과는 무관하게 오로지 여러분이 여자라는 이유 하나만으로 밀리고, 조롱당하고, 낙인을 찍는 것이다.

다행스럽게도 클린턴은 비윤리적인 말들을 무시했다. 그녀는 테스트를 통과했고 예일 법학대학원을 선택했다. 그곳에 다니는 동안 그녀는 정책이 인간의 삶에 미치는 영향에 대해 높은 관심을 보였다. 그 관심은 1970년대에 '아동보호기금'의 변호사로 일하는 동안 계속 성장했으며, 후에 그녀를 정치인의 삶으로 이끌었다.

그리고 그 이후의 얘기는 우리가 모두 알고 있는 바이다.

클린턴은 후에 영부인이 되었고, 그 이후엔 뉴욕의 상원의원, 또한 오바마 대통령 시절엔 국무장관을 역임했다. 그러한 과정에서 그녀를 괴롭히는 자들은 그녀가 포기하기를 원했지만, 클린턴은 포기하지 않았다. 어린 시절부터 괴롭힘과 차별을 견디고 이겨냈던 경험이 그녀를 지키고 있었다. 밖에 나가서 놀던 아이, 대학에서 법을 공부하던 학생, 미국의 대통령에 입후보한 정치인이 되기까지 그녀는 항상 맞서 싸웠다. 비록 그녀가 대통령에 당선되지는 못했어도, 그녀의 경험은 어느 때보다 더 큰 가능성에 길을 열어 주었다. 2016년, 그녀는 선거 결과에 승복하면서 열정을 담아 말했다.

"이 연설을 보고 있는 모든 소녀에게 말합니다. 여러분은 재능을 가지고 있습니다. 자신의 꿈을 성취하기 위해 이 세상의 모든 기회를 받을 가치가 있음을 의심하지 마십시오."

만일 여러분이 현재의 고정관념을 뒤엎을 뭔가를 꿈꾼다면, 분명 사회는 여러분을 막으려 할 것이다. 여러분이 정상이라고 여겨지는 것을 무시하고 나아가려 한다면, 여러분을 심판하고 비판할 사람들은 얼마든지 넘쳐날 것이다. 그들의 목표? 당연히 여러분을 막는 것이다. 세상이 돌아가는 이치에 저항하지 말라고 강요한다. 여러분을 설득하고 말리기 위해서 그들은 주저 없이 자신들의 권력과 특권을 휘두른다. 운동장에서든, 법학대학원에서든, 혹은 정치판에서든 자신들의 권력을 유지하려고 한다. 그리고 변화와 실패에 대한 공포를 통해 여러분이 그들에게 도전하지 못하게 막을 것이다.

> 여러분은 재능을 가지 있습니다. 자신의 꿈을 성취하기 위해 이 세상의 모든 기회를 받을 가치가 있음을 의심하지 마십시오.

힐러리
로덤 클린턴

여자들은 남자들이 지정하는 곳에 있어야 한다는 편견을 클린턴은 받아들이지 않았다. 그녀는 괴롭힘과 실패, 장애물과 끊임없이 맞서 싸웠다. 열정과 목적의식을 갖고 권리를 외쳤고 자신이 믿는 공약을 내걸었다. 대통령이 되는 데는 성공하지 못했지만, 자신의 예상보다 더 큰 성공을 거뒀는지도 모른다. 더 많은 여성이 평등한 권리를 위한 싸움에 참여했기 때문이다. 실패의 힘이 작동한 것이다.

여러분은 열정과 목적의식을 갖고 무엇을 외칠 수 있는가? 무엇과 맞서 싸울 것인가?

'다시 밖으로 나가서' 여러분의 뜻을 전하려 할 때, 여러분의 목소리가 갖는 힘을 절대 가볍게 여기지 마라.

15 소니아 소토마요르
Sonia Sotomayor

인격을 갖추고,
이성적으로 생각하며,
기쁨이나 슬픔과 같은
감정을 가진 것은
인간만이 아니에요.

📱 미국 대통령이 대법관에 누군가를 지명할 때, 의회는 그 대법관 지명자를 지지하는 측과 반대하는 측으로 갈려 음식 전쟁에 돌입한다. 의원들은 거품 크림, 오렌지, 상추, 그리고 여타 음식들로 뒤덮인 케이크를 집어던진다. 음식 전쟁은 7시간가량 지속하며, 뒷배경에 더 많은 음식물이 묻은 쪽이 진다. 음식 전쟁 중에는 "내 대법원에선 절대 안 돼!"와 "내 대법원에선 얼마든지 가능해!" 같은 외침들이 의원들 사이에서 오고 간다.

당연히 거짓말이다!

음식 전쟁이라니 말도 안 된다. 하지만 누군가를 대법관으로 임명하는 문제에 대해서, 의원들 사이에서 격렬한 논쟁이 붙을 수는 있다. 아홉 명의 대법관들은 미합중국 전체의 미래를 결정지을 수 있는 중요한 판결을 내린다. 공립학교에서 인종분리정책을 불법으로 규정한 1954년의 '브라운 대 토피카교육위원회 판결'이 대표적인 경우이다. 하지만 대법원의 판사는 아무나 지원할 수 있는 것이 아니다. 오직 아홉 명만이 대통령에 의해서 종신직으로 임명받기 때문에 빈자리가 나오는 일이 매우 드물다.

그런 이유로 2009년, 오바마 대통령이 소토마요르를 대법관에 지명하였을 때, 많은 사람은 그녀가 과연 의회의 승인을 받을 수 있을지 의아해했다. 하지만 놀랍게도 68표의 찬성과 31표의 반대로 소토마요르는 의회의 승인을 받아, 세 번째 여성 대법관이자 최초의 라틴계 미국인 대법관이 되었다. 하지만 그 자리에 오르기까지 그녀의 삶은 절대 쉽지 않았으며 불가능해 보이기까지 했다.

1954년, 소토마요르는 뉴욕에서 태어났다. 아버지는 공장노동자였으며 어머니는 프로스펙트 병원의 전화교환수였다가 후에 그 병원의 간호사가 되었다. 그녀는 어릴시절에 저소득층 주거단지인 브롱크스데일 단지에서 살았다.

소토마요르가 일곱 살이었을 때, 그녀는 생존을 위해서 매일 인슐린 주사를 맞아야 하는 심각한 소아 당뇨병 증세를 보였다. 그녀는 자주 현기증을 느꼈고 기절도 했다. 밤이면 침대를 땀으로 적셨고, 집중도 할 수 없었다. 그래서 병원에서 이루어진 온갖 테스트와 실험들을 견뎌내며 치료를 받았다. 그녀를 치료하는 방법을 알아내려고 의사는 지속해서 그녀의 피를 뽑았다.

그 당시 소아 당뇨병의 치료법은 현재와는 달리 아주 초기 단계였다. 1921년에 인슐린이 발견되었는데, 1회 주입용 인슐린 주삿바늘이 발명된 것이 1961년이었다. 결과적으로 소아 당뇨병을 앓던 대부분의 미국인은 매일 인슐린 주사를 오랫동안 맞아야 했다. 인슐린이 어느

넘어져도 일어서라!

서굿 마셜은 1967년에 임명이 확정된 최초의 아프리카계 미국인 대법관이다. 그 역사적인 임명 전인 1954년 마셜은 '브라운 대 토피카교육위원회 사건'에서 공립학교 인종분리정책이 불법이라는 판결을 대법원에서 받아냈다. 하지만 이 두 가지의 큰 성취 이전인 1930년에 마셜은 메릴랜드 대학의 법학대학원으로부터 흑인이라는 이유로 입학을 거절당했다. 그는 뒤로 물러나는 대신 워싱턴에 있는 하워드 대학의 법학대학원에 진학했다.

정도 필요한지, 또한 주사를 놓는 시기가 언제가 최적인지 정확히 규명하지 못했기 때문이었다. 게다가 오늘날에는 손가락에서 피 한 방울 내는 것으로 혈당을 측정할 수 있지만, 1960년대 초반엔 혈당을 측정하려면 레이저 칼을 비롯해 몸 안에 여러 도구를 넣어야만 했다. 소아 당뇨병 치료의 현재와 과거의 차이를 설명하며 소토마요르는 이렇게 말했다.

"제가 진단을 받았던 1962년의 소아 당뇨병 치료법은, 오늘날의 기준으로 보면 원시적이었죠. 기대수명은 지금보다 훨씬 짧았고요."

치료 첫날에 소토마요르가 보인 반응은 분노와 공포였다. 그녀는 테이블을 발로 차고 병실 밖으로 뛰쳐나갔다! 의사는 그녀에게 주사를 놓으려고 시도했는데, 그녀의 말에 의하면 주사기가 '내 팔뚝만큼이나 굵었다'라고 한다. 병원 직원이 그녀를 붙잡아 주사를 놓는 동안 소토마요르가 소리를 내지를 때의 힘은 그녀를 미래의 대법관으로 만드는 중심이 되었는지도 모른다. 까마득한 미래를 위해 힘을 모으는 과정이랄까.

병원치료를 받는 과정은 그녀가 견딜 수 없을 정도로 힘들었다. 소토마요르는 치료과정을 다음과 같이 묘사했다.

"매일 아침 8시쯤 검사라는 명목으로 제 피를 계속 뽑아요. 매시간 한 번씩 고무줄로 제 팔을 묶고 굵은 바늘로 뽑고, 30분마다 얇은 칼로 제 손가락을 베어내 샘플을 채취하곤 했어요. 그 과정이 정오까지… 그리고 이 모든 과정이 일주일간 반복됐어요."

이 과정이 거의 2주 동안 반복되자 결국 소토마요르의 어머니는 병실로 뛰어들어 딸을 위한 최초의 '아니오!'를 외치고 병원치료를 중단했다. 그때 이후로 소토마요르는 하루에 한 번씩 자기 손으로 인슐린을 주사했고, 다시는 자신의 몸을 실험재료로 제공하지 않았다.

> 제가 진단을 받았던 1962년의
> 소아 당뇨병 치료법은, 오늘날의 기준으로
> 보면 원시적이었죠. 기대수명은 지금보다
> 훨씬 짧았고요.

소니아
소토마요르

소토마요르의 가정생활도 그녀가 목소리를 키우는 데 영향을 미쳤다. 아버지는 알코올 중독자였고 그녀가 아홉 살 때 사망했다. 어머니인 셀리나는 소토마요르와 아들에게 각종 기회를 주기 위해 일주일에 6일씩 간호사로 일했다. 어머니에게 교육은 신성한 것이어서 언제나 공부와 집중을 강조했다. 그녀는 딸에게 '브리태니커 백과사전'을 사주면서, 그 안에 있는 내용을 다 흡수하라고 했다. 소토마요르가 성공하기 위한 지름길은 세상에 대한 지식과 이해라고 믿었기 때문이었다.

이러한 마음가짐을 갖고 성장한 소토마요르는 법정 드라마인 〈페리 메이슨〉을 보고 중요한 것을 깨달았다. 드라마에 등장하는 인물을 떠올리면서 그녀는 이렇게 말했다.

"법정에서 제일 중요한 인물은 판사라는 걸 깨달았어요."

그때 법을 밝히는 것이 판사의 능력이라는 그녀의 믿음은 더욱 굳건해졌다.

소니아
소토마요르

법정에서 제일 중요한 인물은
판사라는 걸 깨달았어요.

그러나 판사가 되는 길은 쉽지 않았다. 소토마요르의 가족은 가난했고 전국의 법학대학원이나 법률사무소에 혜택을 입을 만한 어떤 인맥도 없었다.

소토마요르가 고등학교 졸업식에서 졸업생 대표연설을 하고 프린스턴 대학에 진학했지만, 극소수의 라틴계 학생 중의 한 명이었고 거기에다 여자였다. 그녀는 캠퍼스에 존재하는 불평등한 제도를 보고 대학의 고용과 입학제도의 문제점에 대해 목소리를 높이기 시작했다. 하지만 그녀가 목소리를 높이고 물러나지 않는 열정을 가졌다고 해도, 새로운 환경에서 그 열정을 바로 발휘하기는 쉽지 않았다.

그녀는 신입생 때 수업시간에 손을 들지 않았으며, 말하는 걸 두려워했다. 하지만 시간이 흐르면서 그녀는 열심히 노력해 작가와 연설가가 되었다. 그녀는 평등과 정의를 위해 목소리를 높였다. 졸업반일 때는 대학신문인 〈일간 프린스터니안〉에 힘 있는 기사를 실었다. 그 기사에서 그녀는 푸에르토리코계 사람들에 대한 대학 측의 불공정한 관행을 공격했다.

"그 관행은 그 사람들과 그들 문화에 대한 배려와 관심, 그리고 존중이 없다는 것을 여실히 보여 줬어요."

프린스턴 대학을 졸업할 즈음 소토마요르는 동료 학생들과 교직원들의 신망을 한 몸에 받았고, 학업과 그 외 모든 부문에서 뛰어난 단 한 명의 학부생에게 수여되는 '파인 명예상'을 받았다

> 그 관행은 그 사람들과 그들 문화에 대한 배려와 관심, 그리고 존중이 없다는 것을 여실히 보여 줬어요.

소니아
소토마요르

프린스턴 대학에서 예일 법학대학원, 뉴욕에서의 지방검사 경력, 개인 변호사 경력과 연방판사 경력에 이르기까지. 소토마요르는 자신을 여자라는 이유로, 또한 라틴계라는 이유로 던져진 비판과 폄하에 맞섰다. 어떤 이들은 그녀의 성장배경 때문에 정당한 판결을 내릴 수 없을 거라 주장했다! 그들은 그녀가 살아온 경험이 타인에 대한 지나친 동정심을 유발했을 거라며 공격했다. 그리고 그러한 공격과 비난 중의 일부는 그녀가 판사로서 지명이 결정되기를 기다리는 몇 년 동안 끊이지 않았다. 1997년, 뉴욕의 연방 제2 순회항소법원 판사로 지명된 후에도 주 의회는 1년 넘게 그녀의 지명에 대해 갑론을박을 했다. 그녀를 반대하는 세력들은 그녀의 승인을 늦추거나 막을 방도를 찾으려 무던히도 애썼다.

아직도 소토마요르는 그녀를 향한 비판을 극복하려는 믿음에 흔들림이 없다. 노력하고 기다리면서 도전을 멈추지 않았다. 게다가 그녀는 이미 자신의 삶에서 커다란 성취를 이루었다. 그녀가 내린 많은 역

사적 판결 중에서도, 1995년의 메이저리그 야구선수 파업 재판 때 구단들에 대항한 선수들의 손을 들어주어서 파업을 끝낸 것이 가장 유명하다. 프로야구 리그가 다시 진행되었을 뿐 아니라, 자본가가 아닌 피고용자의 편에 선 판결로 그녀는 전국적인 유명인사가 되었다. 이 판결은, 일하는 자의 권리가 노동자를 통해 이익을 추구하는 기업의 권리보다 우선한다는 그녀의 신념을 잘 보여 준다.

제2 순회항소법원 판사로 임명되자 엄격하면서도, 약자의 편에 서는 소토마요르의 명성은 점점 더 높아졌다. 그리고 2009년 오바마 대통령이 미연방대법원의 대법관으로 그녀를 지명했다. 그 이후는 우리가 아는 대로다.

하지만 소토마요르가 그 기다림이 너무 길다고 포기했다면(우리는 결정을 기다리는 단 며칠도 너무 길다고 느끼지 않는가), 그녀가 당뇨병을 앓고 있는 자신이 판사처럼 온 정신을 집중해야 하는 직업에 맞지 않는다고 생각했다면, 만일 자신이 살던 저소득층 주거단지를 둘러보면서 이렇게 생각했다면.

'내가 과연 무엇을 할 수 있겠어? 돈도 없고, 인맥도 없고, 부모님에게 기대할 수 없는데⋯.'

그러나 소토마요르는 오히려 자신이 살아온 경험을 마주하고, 법은 약자의 편에 서야 한다고 확신하게 되었다. 여성이자 라틴계라는 소수자로서의 정체성으로 인해 조금 늦춰지긴 했지만, 더욱 노력해서 결국엔 대법관에 임명되는 역사를 이루었다. 그녀는 이 세계에서의 자신의 역할을 하기 위해 절대로 물러서지 않았으며, 자신의 기를 꺾으려는 모든 시도를 무시했다.

여러분은 자신의 고통을 어떻게 용기로 바꿀 수 있는가? 타인이 여러분을 규정하려는 걸 알게 된다면, 소토마요르 대법관처럼 여러분도 '삶에서 가장 중요한 역할'을 할 수 있도록 노력하라. 누구도 여러분을 판단할 수 없다. 그것은 오로지 여러분의 몫이다. 자신을 믿고, 최고의 꿈을 향해 묵묵히 나아가라. 꿈이 멀어 보일수록 더 그렇다. 여러분의 그러한 열정과 노력을 지켜본 누군가가 큰 힘이 되어 줄지도 모르는 일이기 때문이다.

겁먹지 않으면… 이룰 수 있다!

루스 베이더 긴즈버그 대법관이 하버드 법학대학원을 졸업했다. 그녀는 5백 명이나 되는 학과에서 단 9명의 여학생 중의 한 명이었다. 여성이 남성의 영역을 뺏어간다는 학과장의 비난에도 불구하고, 긴즈버그는 자신의 꿈을 열정적으로 좇은 끝에 대법원에 입성했다.

16 프레더릭 더글러스
Frederick Douglass

내가 거짓을 선택해
자신을 혐오하느니,
남에게 조롱거리가 되는 한이 있더라도
나 자신에게 솔직해지기로 했어요.

이런 상상을 해 보자. 여러분은 육상경기를 펼친다. 여러분이 뛰는 걸 보기 위해 관중들이 모여 있다. 여러분은 희망에 부풀어서 흥분된 상태다. 빠르게 멀리 달려서 우승할 것이다. 하지만 경기 시작 직전, 진행요원이 여러분을 30미터 뒤로 옮겨서 그곳에 출발선을 긋는다. 그런데 진행요원들은 그것으론 부족하다며, 여러분을 60미터 뒤로 옮긴다. 여러분은 절망하고 머리는 깨질 것 같다. 하지만 이것은 여러분의 경주고 여러분의 시간이다. 그래서 여러분은 위아래로 점프하며 몸을 푼다. 그리고 앞으로 벌어질 경주에 집중한다.

하지만… 잠깐!

이게 뭐야? 그 진행요원들이 여러분에게 다시 다가온다?! 말도 안 돼. 농담이 지나치네! 진행요원들은 여러분 발에서 운동화를 벗긴다. 맨발. 여러분은 맨발로 경주를 해야 한다.

여러분은 화를 내기 시작한다, 맞지?

'이게 무슨 우스꽝스러운 상황이고, 그 황당한 진행요원들은 뭐죠?'

여러분은 소리를 지르고 싶지만 그럴 수 없다. 왜냐하면 그들은 공식 진행요원들이니까! 속에 불이 나는 만큼 소리를 지르면 실격될 것이고, 경주를 포기해야 함을 알고 있다.

좋다, 맨발! 여러분은 맨발로라도 완주를 할 것이다.

하지만 이… 이런… 말도 안 돼! 진행요원들이 여러분에게 돌아오는데 이번엔 작대기를 한 다발 가지고 왔다. 그들은 여러분에게 이길

자격이 없다고 말하면서 작대기들을 치켜든다. 그리고 여러분을 때리고, 때리고, 또 때린다.

여러분은 지금 60미터 뒤에서 맨발인 상태로 두들겨 맞아 고통스럽다. 피를 흘린다.

그때 경주가 시작된다.

그런데 여러분은 선수이지 진행요원이 아니다. 그러므로 이건 완벽히 정당한 거야, 맞나?

틀렸다! 완전히 비열하고, 말할 것도 없이 틀렸다!

하지만 1818년 메릴랜드 주에서 더글러스가 태어났을 때의 세상은 이와 매우 비슷했다. 노예제도는 합법이었으며, 더글러스는 말 그대로 그로 인해 고문을 당했다. 유아일 때 어머니에게서 강제로 떨어져서 여섯 살까지 할머니와 함께 살았다. 그는 사랑하는 모든 사람을 강제로 빼앗겼다. 그가 사는 세상의 지배자는 무자비한 노예주들이었다. 이 노예주들은 노예들을 무차별하게 부려먹었고, 끊임없이 때렸다. 더글러스와 다른 노예들은 아주 끔찍한 방법으로 노예주들에

맹렬함을 잃지 마라!

해리엇 터브먼은 메릴랜드 주의 노예주로부터 극적으로 빠져나왔다. 그리고 나서 수백여 명의 노예들의 탈출을 도왔으며, 엄청난 위험을 감수했다. 그녀는 평등권을 위한 투쟁을 멈추지 않았고, 결국 여성참정권 운동에도 동참하였다.

게 학대를 당했다.

하지만 더글러스는 맞는다고 굴복하지 않았다. 비록 몸은 찢기고 고통에 몸부림쳤지만, 정신은 강해져 갔다. 노예들은 학교에 가거나 글을 읽는 것도 금지되어서, 더글러스는 몰래 읽는 법을 익혔다. 그는 노예주의 부인인 백인 여성 소피아 얼루드에게서 알파벳을 배웠다(이와 관련된 이야기를 뒤에 할 것이다). 그리고 어쩌다 백인 아이들에게서 배우기도 하고, 기회만 있으면 책꽂이에서 뽑아 든 책들을 통해서 배웠다.

열여섯 살이 되자 더글러스는 자신의 몸과 영혼의 자유를 찾기로 했다. 비록 노예로 자랐지만 언젠가는 자유를 찾을 거라 믿었다고, 더글러스는 자서전에서 밝혔다.

"내가 거짓을 선택해 자신을 혐오하느니, 남에게 조롱거리가 되는 한이 있더라도 나 자신에게 솔직해지기로 했어요. 아주 어릴 적의 기억에서도 나는 노예제가 그 더러운 팔로 나를 영원히 끌어안지는 못할 거라는 강한 확신을 수시로 가졌습니다."

그의 첫 자서전인 『미국 노예, 프레더릭 더글러스의 삶』에서 당시 그의 노예주인 에드워드 코비에게 얼굴을 들이밀며 대항했던 극적인 장면을 묘사했다. 노예주 중에서도 잔인하기로 소문났던 코비는 육체적인 차원을 훨씬 넘어선 학대로 악명이 높았다. 바로 그날, 코비는 더글러스를 완전히 굴복시키겠고 결심했지만, 더글러스 또한 더는 코비의 손아귀에서 고통받지 않겠다고 결심했다. 노예주의 매질에 맞서 더글러스는 그를 넘어뜨리며 저항했다. 그는 코비에게 주먹을 날리고 밀쳤다. 그리고 쉴 새 없이 자신을 방어하며 코비에게 외쳤다. 더는 그가 때리는 걸 용납하지 않겠다고.

더글러스의 결의와 용기에 충격을 받은 코비는 한층 더 분노했다. 하지만 더글러스는 그를 붙잡은 채로 모든 공격을 막아냈다. 결국 지쳐서 더는 더글러스에게 다가서기조차 힘들어진 코비는 그 자리를 떠났다. 그리고 다시는 더글러스를 해치려 하지 않았다.

그날 대결의 마지막을 더글러스는 이렇게 묘사했다.

"그런 용기가 어디서 나왔는지 모르겠어요."

그의 내면 깊숙한 곳에서 솟아난 용기는 16년 동안 자신과 가족, 동료들, 그리고 피부가 검은 주변의 모든 사람에게 잔인하게 가해진 학대와 맞서 싸우도록 그를 일으켜 세웠다. 이제 그만! 더글러스는 더는 학대를 용납하지 않고 그것을 멈추기 위해 놀라운 힘을 끌어낸 것이다.

그날 이후로 더글러스는 자유의 씨앗을 키우기 시작했다. 그때 그는 자신의 강함을, 즉 그의 몸의 주인은 자신이라는 것을 확신했고, 자신이 읽었던 책들을 통해서 자유는 모든 인간의 권리라는 것을 배웠다.

> 내가 거짓을 선택해 자신을 혐오하느니,
> 남에게 조롱거리가 되는 한이 있더라도
> 나 자신에게 솔직해지기로 했어요.

프레더릭
더글러스

사실, 더글러스가 코비와 맞설 수 있도록 이끌었던 것은 그가 어린 시절에 읽은 책들 덕분이었는지도 모른다. 더글러스가 열두 살이었을 때, 당시 그의 노예주인 휴 얼루드의 부인인 소피아로부터 알파벳을 배웠다(앞에서 그녀의 이름을 한 번 언급했었다). 당시 메릴랜드 주의 법은 노예에게 읽는 법을 가르치는 것이 불법이었으나, 소피아는 더글러스가 책을 읽을 수 있을 때까지 가르치기로 마음먹었다. 비록 나중에 그녀가 등을 돌리기는 했으나, 더글러스는 지적인 자유를 얻는 길을 걷기 시작했다.

그가 초기에 읽었던 『미국의 웅변가』에는 한 노예가 세 번이나 탈출을 시도한 후, 노예가 자유로울 권리가 있는지에 대해 노예주와 벌이는 논쟁이 담겨 있었다. 노예주는 노예의 논리와 진심 어린 주장을 이해하고 그에게 자유를 준다. 이 독서의 경험은 더글러스 인생에 전환점이 되었다. 언어의 힘을 알게 된 것이다. 그리고 『미국의 웅변가』에 나온 노예처럼 더글러스 자신도 세 번이나 탈출을 시도하게 된다. 북쪽을 향해.

더글러스는 노예의 신분으로 1835년과 1836년 두 번의 탈출을 감행했지만, 두 번 모두 잡혀서 노예주에게 돌려보내졌다. 하지만 그들의 협박과 매질도 그를 막을 수는 없어서 마침내 1838년 세 번째 탈출을 시도했다. 그리고 드디어 성공을 거두었다! 자서전에서 더글러스는 자신의 탈출방법을 자세히 기술할 수 없었다고 했다. 왜냐하면, 자신과 같은 경로로 탈출할 다른 노예들과 자신의 탈출을 도왔던 사람들을 보호하기 위해서였다. 수많은 사람이 사슬을 거부하고 도망칠 것이며, 마침내 자유를 얻을 때까지 더글러스는 그들을 필사적으로 보호해야만 했다.

더글러스는 뉴욕까지 도망칠 수 있었다. 자신을 그곳에 데려다준 기차에서 내렸을 때 자유인으로 사는 삶이 진짜로 시작되었다고 말했다.

"자유로운 상태가 되면 어떤 느낌일지 나는 수시로 자문했었는데… 실제로 내가 살면서 경험한 어떤 것보다 환희에 찬 순간이었죠."

모든 것이 여러분을 위협하는 상태에서 시작하는 삶을 상상해 보라. 그 삶에서 여러분은 가족에게서 떨어져야 하고, 누군가의 소유물로서 따뜻함이나 존중 따위는 기대할 수도 없다. 더글러스는 우리 인류의 가장 악랄한 실패작인 노예제에서 태어났다. 그곳을 탈출하려 했으나 두 번을 실패했다. 하지만 그는 굴하지 않았고 마침내 자신을 해방했다.

노예의 신분을 벗어난 더글러스의 성공은 세상을 흔들어 놓았다. 그는 유창한 웅변가이자 작가가 되어 자신의 이야기를 전했다. 그리고 아주 먼 곳까지 두루 다니며 노예제 폐지의 절박성을 주장하였다.

더글러스의 첫 자서전 『미국 노예, 프레더릭 더글러스의 삶』은 베스트셀러가 되었다. 노예주들이 노예들에게 가한 악행을 상세하게 묘사한 내용에 전 세계의 독자들이 경악했다. 그는 미국의 노예제가 얼마나 끔찍한 것인지 공개적으로 알리는 데 두려움이 없었으며, 그 과정에서 스스로 노예제 폐지를 위한 중심이 되었다.

더글러스는 무시당할 수 없었다. 그가 무시당하는 것을 거부했기 때문이다. 그는 모든 노예가 자신처럼 탈출하진 않을 것이고, 그래서 그들의 삶이 얼마나 다르게 끝날지 알고 있었다. 대부분은 자유를 누리지 못할 것이며, 자신들이 겪은 학대에 관해 얘기할 기회조차 못 가질 것이었다. 하지만 더글러스가 자유를 찾아 나섰기 때문에 미래의 많은 사람이 똑같은 운명을 겪을 필요가 없어졌다.

프레더릭 더글러스

> 내가 자유로운 상태가 되면 어떤 느낌일지 수시로 자문했었는데… 실제로 내가 살면서 경험한 어떤 것보다 환희에 찬 순간이었죠.

여러분이 불평등한 경주에서 승리하면 용기를 얻을 사람들이 있는가? 오늘날에도 경주에서 사람들을 밀어내고, 신발을 벗기고, 상처를 주는 진행요원들이 여러분의 눈에 보이는가? 아마도 그들은 여러분이 다니는 학교의 불량배들이거나 간부급 학생들일 수도 있다. 그들은 심지어 어른들일 수도 있다. 어쩌면 그들이 '네가 있을 자리'라고 부르는 불공평한 위치로 밀려나는 사람이 여러분일 수도 있다. 그 위치는 수많은 사람이 몰려 있는 출발선으로부터 아주 멀리 뒤처진 곳이다.

여러분에게 제일 중요한 첫걸음은 모두와 같은 출발선에 서 있어야 함을 아는 것이다. 여러분도 다른 친구들과 마찬가지로 출발선에서 최선을 다할 준비가 되어 있어야 한다. 더글러스의 경우처럼 여러분과 내가 공식 요원들과 불평등한 제도에 저항하면 할수록 그들의 힘은 약해진다. 코비는 더글러스를 멀리 밀어내려 했지만, 결국 자유를 향한 더글러스의 꿈을 꺾지는 못했다.

다음으로 중요한 걸음은 무엇일까? 아무리 사소한 일이라도 시작하는 것이다. 그것은 한 마디의 말일 수도 있고, 기다림일 수도 있다. 내면에서 샘솟은 강인함이 '안 돼!'라고 외칠 때까지 그렇게 하라.

"그런 용기가 어디서 나왔는지 모르겠어요."

더글러스는 용기가 어떻게 생겨났으며, 자신을 소유한 남자에게 맞대응하게 되었는지 알지 못했다. 하지만 그것은 자연스럽게 생겨났다. 그가 읽었던 책들로부터, 그가 당하고 목격했던 학대에 대한 분노로부터, 자신이 진정 어떤 존재인지를 깨달았던 그 순간으로부터, 그리고 자유를 알게 된 순간부터 그에게 후퇴란 없었다.

더글러스와 다른 모든 사람처럼, 여러분 또한 존중받아 마땅한 사람이다. 정당한 대우를 받아야 하며, 있는 그대로 받아들여져야 한다. 그리고 여러분은 출발선에 서야 한다. 여러분의 경주이니까. 그것을 어떻게 공정한 경주로 만들 것인가?

실패, 다음엔 성공!

영국에서는 정치인인 윌리엄 윌버포스가 두 번이나 노예무역을 폐지하는데 실패했다. 하지만 1833년에 그는 드디어 노예제 폐지법안을 통과시키는데 성공했다.

에이브러햄 링컨 Abraham Lincoln

우리 모두 에이브러햄 링컨하면 강인함과 자신감, 그리고 성공을 떠올린다. 하지만 그것만 있는 것은 아니다.

링컨은 1809년, 켄터키 주의 하딘 카운티에서 태어났다. 현재 명칭은 라루 카운티이다. 가족이 농장을 운영했지만 돈은 많지 않았다. 소년 링컨은 돈을 벌기 위해 일을 했으며, 나이가 들어서는 일리노이 주로 옮겨 가서 가게의 점원이 되었다. 그곳의 누구도 그가 미국의 16대 대통령이 되리라고는 상상도 못했다.

링컨은 마흔여덟 살이 되었을 때, 일리노이 주의 미국 상원의원에 입후보하기로 했다. 상대 후보의 반대에 맞서 힘든 선거운동을 치렀지만 링컨은 선거에서 패했다. 그는 피폐해졌고 모든 기력을 잃었다.

링컨이 무너진 감정을 추스르고 1860년 공화당 대통령 후보 경선에 뛰어든 것은 미국으로서는 천만다행이었다. 놀랍게도 그는 후보로 지명되었다. 그리고 대통령 선거에서도 이겼으며 1861년 미합중국의 16대 대통령으로 취임했다. 이제 여러분은 이렇게 생각할 것이다.

'다음은 우리도 알고 있어요.'

하지만 대통령이 되어서도 링컨은 심각한 우울증을 이겨내야 했고, 많은 사람을 불행하게 만들 수도 있는 어려운 선택을 해야만 했다.

엄청난 좌절과 혼돈, 그리고 고통과 슬픔 속에서도 링컨은 미국 역사상 가장 중요한 법안 중 하나를 발효시켰다. 1863년, 그는 '노예 해방령'을 선언했다. 노예제는 이제 남부와 북부 할 것 없이 미국 전역에서 금지되었다. 더 이상의 혼란이나 타협은 없었다. 노예제라는 악법은 사라졌다.

링컨에게 미국을 분단으로부터 단일한 국가로 뭉칠 수 있도록 만든 힘은 무엇이었을까? 링컨이 절망과 실패를 뚫고 최대의 성공을 이루었던 데에는 한 가지의 특징이 있다고 연구원이자 학자인 도리스 컨스 굿윈은 주장한다.

"제가 보기에 링컨은 상상을 초월할 정도의 감성 지능을 가지고 있었어요. 그는 놀라울 정도로 자신의 잘못을 인정하고, 실수로부터 배우는 능력을 타고났어요."

링컨은 지도자로서 가져야 할 최고의 덕목을 갖추었다. 그것은 바로 과거로부터 배우고 성장하는 능력이다.

17 톰 라이언과 애티커스 엠 핀치
Tom Ryan and Atticus M. Finch

그건 모험에 관한 거예요.
어떤 결과가 기다리는지 알 수
없지만 당신은 초대를 받아요.
중요한 건 당신이 '예!'라고
대답하면 된다는 것이죠.

📱 도보여행 전문가인 라이언과 그의 개 애티커스는 뉴햄프셔 주의 화이트 산맥의 위험한 얼음길을 완주한 숙련된 전문가들이었다. 라이언은 인류가 알고 있는 거의 모든 종목의 운동을 휩쓸며 성장했으며, 애티커스는 거대한 뉴펀들랜드 종으로 무게가 90킬로그램이나 나갔다. 둘은 1,200미터가 넘는 수십 개의 위험한 산길을 손쉽게 완주하였다. 실제로 둘은 이 산들을 모두 올랐으며, 자신들에게 닥친 모든 폭풍을 두려움과 의심 없이 이겨냈다.

말도 안 되는 소리다. 지워 버려라!

뉴햄프셔 주의 북부에는 1,200미터를 넘는 48개의 산봉우리가 반짝이며 하늘로 솟아 있다. 수 세기 동안, 화이트 산맥에는 세계 각지의 여행객들이 몰려들었다. 그들은 걷고 탐사하면서 산맥의 매력에 빠져들었다. 그런데 2005년부터 이 산맥에 얼핏 봐도 어울리지 않는 한 쌍이 찾아 왔다. 130킬로그램이 넘는 거구의 남자와 8킬로그램이 안 되는 미니어처 슈나우저 종의 개 한 마리였다. 이 둘은 놀랍게도 눈과 얼음으로 뒤덮인 위험한 산길을 함께 걷는 도전을 시도했다. 하지만 그들은 무사히 집에 돌아왔고, 서로를 보살피고 격려하면서 다른 산길에 도전했다.

라이언은 자신의 개 애티커스와 깊고 충실한 우정을 쌓기 전에는 바쁘고, 밀리고, 쫓기는 삶을 살았다고 말했다. 그는 매사추세츠 주의 뉴베리포트에서 〈언더토드〉라는 신문의 유일한 편집자이자 사장으로 일하고 있었다. 그의 신문사가 주로 하는 일은 지역 관료들의 비리를 폭로하는 것이어서 항상 특종을 쫓아 기사를 쓰고, 지역에서 일어나는 최신 사건이나 비리들을 알고 있어야 했다. 라이언은 과체중에 건강도 안 좋아서 길거리를 걸어 다니는 것도 힘들었다고 말했다.

그 모든 것은 그의 진정한 친구인 애티커스가 도착하자 달라졌다.

만약 라이언이 첫 번째 개 '맥스'를 입양하지 않았다면 애티커스를 만나지 못했을 수도 있었다. 그는 어느 날 낸시 노이스라는 친구로부터 맥스라는 늙은 슈나우저를 돌봐 줄 사람을 찾는다는 메일을 받았다. 언젠가는 꼭 진짜 개를 키우겠다고 꿈꿨던 라이언은 깊이 생각하지도 않고 낸시에게 답신을 보냈다.

"만일 데려가는 사람이 없다면 내가 입양할게요."

입양 후 맥스는 그리 오래 살지 못했다. 하지만 라이언의 마음을 완전히 사로잡았기 때문에 두 번째 슈나이저인 애티커스를 품에 안았다. 둘은 어디든 함께 다녔고, 주인과 애완견의 관계가 아닌 친구가 되었다.

실패, 다음엔 성공!

닉 폴스는 미식축구리그를 몇 시즌이나 거친 서른 살의 쿼터백이다. 그는 큰 구단의 대체 쿼터백으로 뛰었고, 주전으로 뛸 기회를 잘 잡지 못했다. 그는 주전으로는 부족한 것 같았다. 2012년 드래프트에서도 3라운드 88번째로 지명을 받았다. 그리고 2016년에는 은퇴를 심각하게 고려했었다. 하지만 2018년 필라델피아 이글스의 주전 쿼터백이 부상을 당하자 폴스가 투입되었고, 그는 팀을 슈퍼볼로 이끌었을 뿐 아니라 우승컵마저 안겼다.

처음부터 라이언은 애티커스를 자신이 주인으로서 통제하는 개가 아닌 친구로 만들기 위해 최선을 다했다. 재주나 복종을 가르치는 대신에 깊은 우정을 쌓으려고 했다. 그의 책『애티커스 따라가기』에서 라이언은 이렇게 말한다.

"애티커스에게 재주를 가르칠 생각이 아예 없었어요. 내가 있는 그대로의 모습으로 지내듯이 애티커스도 그러길 바랐어요."

이 존중의 결과로 둘은 야생의 길을 걷는 짝이 되었다.

둘이 처음으로 산행을 시작했을 때, 라이언은 애티커스가 산을 유독 좋아하는 것을 깨달았다. 그 작은 개가 장대한 경치를 즐기고 힘들여서 정상까지 오르는 것을 즐기는 것 같았다. 그래서 라이언은 그의 네 발 달린 친구를 기쁘게 해 주기 위해 계속 산으로 돌아가서 더 높이, 더 멀리, 그리고 더 오래 함께 걸었다. 시간이 가면 갈수록 둘은 뉴베리포트보다 산길에 있는 시간이 더 많아졌다.

산행 중에 만나는 사람들은 가끔 둘을 비웃기도 하고, 그렇게 힘든 산맥에 도전하는 게 가능하겠냐고 부정적인 반응을 보이기도 했다. 라이언과 애티커스는 그때마다 정상에 오름으로써 자신들의 능력을 입증했다.

시간이 지나면서 라이언은 자신과 작은 친구를 위해 조금씩 목표를 높여 잡았다. 첫째는 1년 안에 1,200미터 이상의 48개의 봉우리에 모두 오르는 목표였다. 둘째는 2006년에서 2007년으로 넘어가는 겨울에 48개의 봉우리를 모두 오르는 것이었다. 라이언의 마지막 목표는 2007년 연말 겨울에 48개의 봉우리를 2번 오르며, 그것을 통해 암 연구를 위한 모금 운동을 하는 것이었다.

라이언이 자신과 애티커스를 위해 세운 도전계획은 많은 사람에게 충격을 안겼다. 화이트 산맥 산행 역사상 단일 겨울 동안 48개의 모든 봉우리를 2번씩 올랐던 기록은 단 한 번밖에 없었다(이 놀라운 기록의 보유자는 캐스 굿윈이라는 여성이다). 단 한 번. 하지만 라이언과 애티커스는 최선을 다하리라 굳게 다짐했다. 겨울 등산객들이 얼어붙은 산길과 드센 바람 속에서 라이언과 애티커스를 만나면 모두 놀라워했다. 작은 개와 덩치 큰 남자는 쉼 없이 눈을 치켜뜨며 사람들의 예상을 날려 버렸다. 라이언은 후에 이렇게 썼다.

"그 겨울, 애티커스와 함께 등산하는 모습을 사람들은 이해할 수 없었겠죠. 우리의 우정이 없었다면 그렇게까지 할 수 없었을 거예요."

눈보라와 강한 바람을 맞아도, 또한 산행이 동트기 훨씬 전에 시작해서 해질 때까지 이어져도, 우정은 그것들을 모두 이겨내게 했다.

그러나 라이언의 계획은 예측불허의 겨울 폭풍 때문에 조정이 불가피했다. 그와 애티커스는 단일 겨울에 48개의 모든 봉우리를 2번씩 오르진 못했고, 4개의 봉우리를 남겨둔 채 도전을 끝냈다. 하지만 그들이 목표에 매우 근접했다는 사실 그 자체로 기적이었다. 목표 달성에는 실패했지만, 라이언은 그 실패를 다른 의미의 성공으로 여겼다. 강한 유대감이 있다면 도전 못 할 것이 없다는 것을 자신과 세상에 입증한 것이다.

그는 새로운 삶을 살 수 있게 되었다. 더는 소문이나 부패의 현장,

그리고 추문 등을 찾아다니는 데 몰입하지 않았다. 그는 자연이 주는 아름다움과 평화, 그리고 따뜻함에 더욱 집중했다. 산행이 가져다준 새로운 삶은 라이언의 개인사, 그중에서도 특히 아버지와 형제들과의 관계에도 변화를 일으켰다.

톰 라이언

> 그 겨울, 애티커스와 함께 등산하는 모습을 사람들은 이해할 수 없었겠죠. 우리의 우정이 없었다면 그렇게까지 할 수 없었을 거예요.

불가능해 보이는 목표를 세움으로써 라이언은 자신이 절박하게 원하는 것을 찾을 수 있었다. 그는 주변의 모든 사람의 시선에 휘둘리기보다는 자신의 가슴과 영혼의 목소리에 귀를 기울였다. 그리고 겨울철에 오르는 그의 도전은 전설이 되었다. 때로 12시간 혹은 14시간 동안 지속하는 등산을 통해서 사회의 좁은 편견을 벗으면 무엇이든 가능하다는 것을 사람들에게 알려 주었다. 그들의 모험은 많은 후원자와 라이언의 새 글을 기다리는 독자들을 만들어 냈으며, 작은 도움과 온정의 손길들이 물결처럼 일어났다. 예를 하나 들어 보자. 머트릭스라는 회사의 사장인 마리안 버트랜드는 라이언에게 메일을 보냈다. 애티커스가 산을 오를 때마다 신발과 옷을 그녀의 회사가 무료로 제공하겠다는 의사를 전했다. 그녀의 회사는 라이언이 애티커스의 신발을 항상 구매하던 곳이었다. 라이언이 그의 진실한 친구와 함께한 여정에는 많은 사람의 도움이 있었다.

전혀 예측할 수 없었던 삶의 궤적을 설명하면서 라이언은 이렇게 말했다.

"그건 모험에 관한 거예요. 어떤 결과가 기다리는지 알 수 없지만 당신은 초대를 받아요. 중요한 건 당신이 '예!'라고 대답하면 된다는 것이죠."

라이언이 그들의 모험에 관한 책을 쓰자, 그 책 또한 예상 밖의 성공을 불러왔다.

모험을 떠날 때 우리는 길이 달라지는 것에 적응해야 하고, 최선의 길이 안전하지 않을 수도 있다는 것을 받아들여야 한다. 성공과 해답을 찾아 나아가다 보면 길을 잃고 헤맬 수도 있다. 하지만 라이언과 애티커스처럼 우리는 다양한 경험으로부터 많은 것을 배운다. 격언에도 있지 않은가.

'인생은 종착지가 아니라 그것을 찾아가는 과정이다.'

굽히지 않는 용기를 가져라!

컴퓨터공학의 달인이자 현재 캘리포니아에 있는 하비머드 대학의 총장인 마리아 클로위는 자신이 종종 '완전한 실패자'라고 느낀다는 말을 남겼다. 하지만 이런 실패의 공포에도 그녀는 매일 세상으로 나가 용기를 돋운다. 우리는 자신의 능력이 부족하다고 실패를 두려워하지만, 그럼에도 꿈을 좇고 희망을 품는 것이 중요하다고 말한다.

살다 보면 여러분은 외모 때문에 안 좋은 말을 들을 수 있고, 이런 편견 때문에 정작 하고 싶었던 일을 시도조차 못 할 수도 있다. 여러분은 농구를 사랑하지만, 하필이면 학년에서 가장 키가 작을 수도 있다. 시와 음악을 좋아하지만, 국어점수가 엉망인 데다 급우들 앞에서 생각을 말로 옮기지도 못한다. 혹은 열정적인 연설을 하는 꿈을 꾸지만, 말을 더듬지 않을 자신이 없다.

톰 라이언

> 그건 모험에 관한 거예요.
> 어떤 결과가 기다리는지 알 수 없지만
> 당신은 초대를 받아요. 중요한 건 당신이
> '예!'라고 대답하면 된다는 것이죠.

여러분의 외모와 현재의 문제점 때문에 미래의 가능성이 가려져서는 안 된다. 라이언과 애티커스가 얼어붙은 산길 위에서 사람들을 놀라게 했듯이, 여러분도 누군가를 놀라게 할 수 있다. 현란한 드리블을 보여 줄 수도 있고, 교실에서 시를 읽을 수도 있으며, 학생회장에 입후보해서 힘이 넘치는 용감한 연설을 할 수도 있다. 위대한 성공에서 가장 중요한 것은 결과가 아니라 도전하는 과정인 것이다. 라이언과 애티커스가 흔들림 없이 보여 줬듯이, 우리가 성공하는 것은 산길을 걷는 순간이지 정상에 발을 찍는 순간이 아니다.

애티커스는 2016년에 세상을 떠났다. 그리고 라이언은 현재 두 마리의 친구들, 샘와이즈와 에밀리와 함께 살고 있다. 라이언은 그들을 애티커스와 똑같은 방식으로 대한다. 깊은 우정과 존중, 그리고 사랑으로.

어떤 길이 여러분을 부르는가? 어느 산이 여러분의 발길과 여러분의 말, 여러분의 생각, 그리고 여러분의 마음을 원하는가? 모든 봉우리에 다 도달할 수 없을까 봐, 미리 움츠러들지 마라. 일단 걷기 시작하라. 그러면 자신과 주변 사람들에게 외모는 전혀 중요하지 않으며, 여러분의 여정에 쏟는 마음과 노력이 훨씬 중요함을 입증할 것이다.

　　　줄리아 차일드 Julia Child

　줄리아 차일드가 처음 요리를 시작했을 때, 그녀는 정말 형편없는 요리사였다. 심지어 남편인 폴조차 그녀가 만든 음식을 먹기 힘들어했다. 하지만 차일드가 프랑스에서 최상급 요리를 맛보게 되었을 때, 그녀는 요리와 완전히 사랑에 빠져버렸다. 그 요리를 먹었을 때 영혼의 문이 열리는 느낌이었다고 그녀는 말했다.

　차일드는 프랑스의 파리에 있는 르 코르동 블뢰 요리학교에서 1년 가까이 수업을 들으며, 수많은 시간과 노력을 들였다. 그녀의 요리는 점점 발전하기 시작했다. 차일드는 실수와 실패는 요리사에겐 필수적이며, 그것을 통해서 요리의 본질을 배우게 된다고 자주 말했다.

　그녀는 음식과 조리법에서 잘못했던 내용을 꼼꼼히 기록했다. 그 모습을 보고 놀란 남편은 그녀가 굉장한 요리사가 될 거라고 말했다. 동생인 찰리에게 보낸 편지에서 폴은 이렇게 썼다.

　"차일드의 요리가 진짜로 좋아지고 있어. 우리끼리 얘기지만, 상상도 못 했던 일이야. 하지만 진짜 좋아지고 있다니까."

　상상해 보라! 세계 최고 요리사 중의 한 사람이, 한때는 요리를 너무 못 해서 남편조차도 그 성공을 의심했었다니! 게다가 그녀는 요리의 고정관념으로부터도 벗어났다. 188센티미터의 키에 카랑카랑한 목소리, 그리고 요리를 하면서 실수를 부추기는 재주를 가신 차일드는 틀을 깬 사람이었다. 그녀는 자신만의 요리들을 만들어 냈고, 오늘날까지도 아마추어와 프로를 망라한 전 세계의 요리사들에게 영감을 불어넣는 전설로 남아 있다.

실수와 실패는 요리사에겐 필수적이며, 그것을 통해서 요리의 본질을 배우게 된다.

맺는 말

이 책을 소개하면서 내가 어떤 성장기를 거쳤는지, 그리고 그 후 얼마나 변했는지 설명했다. 그리고 여러분에게 그 실패의 시절 이후 일어났던 멋진 일들을 알려 줬다. 맞는가? 깨끗한 환경에서 공부했고, 선생님이 되었고, 남편이자 아빠, 그리고 작가가 되었다. 모든 게 훌륭하고 신나는 일이다.

그런데 미처 말하지 못한 것이 있었다. 내가 성인이 되어 훨씬 강하고 슬기로운 사람이 된 후에도 여전히 실패를 경험했다.

그렇다. 실패하기 때문에 사람인 것이다. 우리는 실수를 저지르거나 엄청난 도전에 직면하고, 여행 중에 성급히 뛰다가 돌부리에 걸려 넘어지기도 한다. 하지만, 부끄러워할 것이 아니라 성장을 위한 기회로 삼을 일이다. 그리고 우리의 성장엔 멈춤이 없다는 것이 진정 경이로운 사실이며, 그래서 실패에도 멈춤이 있을 수 없다.

서른 살에 나는 아내인 제니퍼, 큰아들 타일러와 함께 영국의 요크로 이사했다. 아내가 사회학 박사학위를 딸 때까지 그곳에 살아야 했다. 나는 낮에는 아이를 돌보고 밤에는 글을 썼다. 나는 작가로 성공하고, 아내는 학위를 딴 뒤 학생들을 가르치는 게 우리의 계획이었다. 그러면 생계 걱정 없이 집도 장만하고, 마음껏 먹을 수도 있었다. 굉장한 계획이지 않은가?

모험!

위험 감수!

기회!

문제가 하나 있었다. 짐작이 가시나?

여러분의 짐작이 정확하다. 실패가 고개를 쳐들었고, 어디서도 내가 쓴 글들을 받아 주지 않았다. 나는 소설을 쓰고, 쓰고, 쓰고, 또 썼다. 그리고 거절, 거절, 거절, 또 거절이었다. 통장의 잔액은 비어가고, 나는 가족을 부양하기 위해 무슨 일이든 하려고 했다. 제니퍼는 학위를 따고 나서 대학에서 두어 개의 강좌를 맡았고, 나도 지역의 학교에서 주 1회 저녁에 성인들을 대상으로 공개 강연을 할 수 있었다. 하지만 그것으로는 생활이 되지 않았다.

나는 여러 곳에 입사지원서를 냈다. 그런데 결과는? 어디서도 나를 받아 주지 않았다. 내가 지원했던 교육 기관들에서는 영국에서 발행된 증명서를 요구했다. 미국 매사추세츠 주의 증명서는 무용지물이었다. 하지만 영국의 증명서를 발급받을 수 없었다. 돈이 없었다!

어쨌든 나는 일을 얻기 위해 어디든 지원했다. 비서, 수위, 식당 일까지. 내가 두 개 이상의 취업 제안을 받던 시절(내가 당연하게 여겼던 시절)과 달리 아무도 나를 원하지 않았다.

완전한 무의 상태.

특히 힘들었던 어느 날 아침이 떠오른다. 타일러가 세 살이 되던 때였다. 우리 가족의 통장 잔액이 고작 2만 원이었다. 그게 다였다. 더는 들어올 수입이 없음에 우리는 어찌할 바를 몰랐다.

심란한 상황에서도 우리는 가계를 꾸려나가기 위해 애썼다. 닥치는 대로 일을 했다. 그 일 중에 신문 배달이 있었다. 나는 다시 5학년이던 열한 살로 돌아가게 되었다. 신문 배달은 나의 첫 아르바이트였다. 아르바이트비는 모조리 사탕을 사는 데 썼다. 그게 다였다. 신문을 배달하고 사탕을 사고.

그로부터 22년 뒤에 나는 동네 편의점 외벽에 붙은 구인광고를 보았다. 그 광고의 내용은 이랬다.

신문 배달할 남녀 모집. 구역은 희망하는 대로 선택 가능.

나는 그 광고를 본 뒤 모든 용기를 짜내었다.

어느 월요일 이른 아침으로 건너뛰어 보자. 약 2주 뒤, 내가 일을 시작한 첫 주다. 내 왼쪽 어깨엔 노란색 가방이 걸쳐 있다. 며칠 동안 면도를 못 했다. 서른일곱 부의 신문을 가방에 넣은 채 성능이 온전치 않은 자전거를 타고 간다. 서른세 살의 내가 할 수 있는 최선의 일이 이것이다.

만일 여러분에게 그 순간을 사진으로 남겨 보여 준다면 다음과 같은 요약문이 붙게 될 것이다.

꿈을 좇아 해외로 나간 작가, 처참히 무너지다.

솔직히 인정하건대 아침마다 신문을 배달하면서 나 자신을 완전한 실패자로 생각했었다. 내가 이전에 이룬 성취들을 포함해 모든 게 의미가 없어졌다. 나를 사랑한 사람들, 미래엔 더 나아질 거라는 가능성도 의미가 없어졌다. 신문 배달을 슬프고 끔찍하게 받아들였다. 노란색 가방을 멘 실패한 신문 배달부. 나는 오직 실패의 렌즈로만 자신을 보았다.

우리가 실제로 추락하고 있을 때, 실패는 우리에게 더는 희망이 없다고 세뇌할 수 있다. 바닥에 떨어지는 그 순간이 우리의 본모습이라고 믿기를 원한다. 실패는 이렇게 거짓말을 한다.

"봤지? 네가 해온 모든 것과 네가 간직한 자부심은 이제 아무것도 아냐. 바로 이 순간이야말로 너의 진짜 모습인 거야."

우리의 삶을 실패의 렌즈를 통해 보기 시작하면, 감정은 통제 불능이 되어 정상적으로 판단을 못 하게 된다. 우리는 추락을 당연한 것으로 여기고 그 추락에서 헤어 나오지 못할 거라 믿는다. 눈을 크게 뜨고 미래를 보지만, 보이는 것은 끊임없는 추락의 연속이다.

그 순간에는 그것만이 진실처럼 느껴진다.

하지만 진실은 전혀 그렇지 않다. 실패를 당연하게 여겨 〈나의 미래〉라는 영화의 거대한 스크린에 비출 일이 아니다. 우리에게는 다른 기회가 있다. 얼마든지 이렇게 말할 수가 있는 것이다.

"그래, 이건 내가 꿈꾸던 게 아니야. 내가 생각한 성공은 다른 거야. 내가 예상한 건 이런 게 아니야. 하지만 현실은 현실. 이제 어떻게 해야 할까?"

나는 아침마다 신문 배달을 하면서 이 질문을 수도 없이 되뇌었다.

그러던 어느 아침, 기적 같은 일이 일어났다. 내가 신문을 배달하는 골목의 끝 집에는, 할머니 한 분이 거실에 앉아 신문을 기다리고 있었다. 내가 신문을 넣으면 의자에서 일어나 문으로 와서는 신문을 가져갔다. 그날은 그런 일상에 변화가 생겼다. 나는 실패라는 보이지 않는 것과 심각한 전쟁을 벌이고 있었다. 연극의 한 장면처럼.

실패: 라라-라라라-랄라라라. 멀리 못 갔네!

나: 닥쳐!

실패: 라라-라라라-랄라라라!

나: 닥치라니까!

실패: 라라-라라라-랄라라라!

이런 상황이었다.

내가 실패와 이런 복잡하고 4차원적인 언쟁을 하고 있을 때, 할머니는 의자에서 일어나 나무로 된 파란 문으로 걸어왔다. 내가 문구멍으로 밀어 넣은 신문을 집어 들기 위해서였다. 그녀가 신문을 집어 들고는 한가롭게 의자로 돌아가 팔을 걸치는 소리가 들렸다.

고개를 떨군 채 자전거로 돌아가는 동안에도 그놈의 실패와 언쟁을 계속하고 있었다.

나는 그때 갑자기 멈칫하면서 서버렸다. 문과 자전거 사이 중간쯤 이르렀을 때, 나는 한 발짝도 움직일 수 없었다.

그 상태로 잠시 무슨 일인지 이해하려 애쓰다가, 다시 그녀의 집 쪽으로 몸을 돌렸다. 거실 창 너머, 늘 신문을 읽고 있을 그녀를 보았다.

하지만 그날은 달랐다!

그녀는 의자에 앉아서 나를 정면으로 바라보고 있었다!

잠깐이었지만 하염없는 눈길이었다.

나도 그녀를 뚫어지게 쳐다보았다.

바로 그 순간, 그녀가 고개를 끄덕이며 환한 미소를 지어 보였다. 그러더니 오른손을 들어 엄지를 추켜세웠다! 그리곤 아무 일 없었다는 듯, 신문을 펼쳐 읽기 시작했다.

그게 전부였다. 하지만 예약은 필수요, 예의가 우선시되는 나라에서 그렇게 갑작스러운 응원을 경험해본 적이 없었다. 그것도 나라는 존재를 알 리 없는 노인으로부터!

나는 경쾌한 발걸음으로 자전거에 올라탔다. 평소보다 훨씬 빠르게 페달을 밟아 신문 배달을 끝냈으며, 글도 다시 썼다. 그 짧은 순간에 신문 배달부로서의 내 일을 다시 돌아보게 되었다. 배움의 기회로 삼았고, 내 삶을 이어주는 다리로 느꼈다. 이웃을 새로 보기 시작했고, 사람들과 말을 섞기 시작했다. 그리고 가끔 내 아들과 산책 삼아 걸어서 신문을 배달하기도 했다. 아들이 신문 배달을 멋진 직업이라고 생각했을 때쯤엔, 나는 내 일에 대해 전혀 다른 관점을 갖게 되었다(내 배달 대상이었던 민박집 주인이자 착한 여자 클레어는 종종 우리에게 베이컨 샌드위치를 건네기도 했다). 언젠가는 아내와 아들이 엄청나게 추운 새벽에 함께 신문을 배달하면서 뜨거운 응원을 보내기도 했다.

영국을 떠날 때, 내가 제일 그리웠던 게 무엇이었을까? 내가 신문을 배달하던 동네다. 여러분의 예상대로다. 시련은 나를 무릎 꿇리려 했지만, 나는 오히려 큰 덕을 보았다.

그것이 실패의 힘이다. 실패는 우리를 무너뜨릴 수도 있고, 더 강하게 성장시켜서 다시 도전하게 만들 수도 있다. 작은 실패 뒤엔 큰 성공이 기다리고 있다고 믿고 싶겠지만, 절대 그런 일은 없다. 실패는 우리가 사는 동안 어느 경로를 통해서든 찾아오게 마련이다. 그러니 몇 번 실패한 것을 가지고 나머지 여행이 순조로우리라 방심하면 안 된다.

이 책에 등장하는 여러 사람의 경우처럼, 실패는 우리의 의지와는 상관없이 찾아오기도 한다. 때로 고통스러운 외부적 사건들이 우리에게 패배감을 안겨 준다. 우리가 절대 원하지 않아도 찾아오는 비극이나, 한창 기세 좋게 전진할 때 닥치는 장애물처럼 말이다. 우리가 저지르는 실수 때문에 실패가 고개를 내미는 때도 있다. 어느 경우든 우리가 실패와 대면하는 것은 마찬가지다. 그것이 삶이고, 그렇게 배우는 것이다.

하지만 좋은 소식이 하나 있다. 실패해도 괜찮음을 알고, 또한 실패가 삶의 일부임을 알면, 실패가 정상적인 삶의 과정임을 알게 된다. 영화학교에서 거절당했던(두 번이나!) 스티븐 스필버그 감독을 떠올릴 수도 있고, 화가인 프리다 칼로가 견디고 극복해야 했던 사고를, 운동선수인 임마누엘 오포수 예보아에게 씌워진 사회적 오명을, 공학 분야에서의 구조적 불평등을 무너뜨리기 위해 분투했던 마리타 쳉을 떠올릴 수도 있다. 이 중에 쉬운 역경이란 없었고 같은 종류의 실패도 아니었다. 하지만 이 책에 있는 모든 사람은 실패에 정복당하지 않음으로써 세상을 변화시켰다. 그들은 주저앉거나 포기하지 않았다. 오히려 앞으로 나아갔다. 그들은 다양한 역경과 고통, 문제점들로부터 배운 것을 갖고 자신들의 일에 몰두했다. 그들은 발명했고, 그렸고, 이론을 세웠고, 추론했고, 자전거를 탔으며, 무엇보다 믿음을 가졌다.

우리는 대부분 실패에 관해 이야기하기를 꺼린다. 처음에 어떻게 실패했는지보다는 정상에 올라선 성공 이야기를 들으려는 경향이 있다. 하지만 우리는 모두 실패하기 때문에 그 경험을 서로 많이 나누면 나눌수록 좋다. 실패의 과정을 인정하고 자연스레 받아들여서 다시 노력할 수가 있다. 실패하면서 배우고, 실패하면서 다시 전진하다 보면, 다음번에 좌절하고 패배하더라도 다시 도전하기 더 쉬워진다. 비슷한 상황을 거친 타인으로부터 많이 배울수록, 우리의 여행에서 혼자라는 외로움을 덜 느끼게 된다.

얼마 전에 큰아들 타일러가 실수를 저지른 후 꽤 우울해 있었다. 나는 아들을 붙잡고 사람은 모두 실수를 저지르며, 중요한 것은 실수로부터 배우는 것이니 괜찮다고 말해 주었다. 중요한 것은 우리가 어떻게 성장하느냐이다. 아들은 잠시 내 말을 귀 기울여 듣더니 고개를 끄덕였다. 그리곤 곧 핵심을 이해했다.

타일러 : 우리는 모두 실수하지요, 아빠?
나 : 그럼, 믿어도 돼. 모든 사람은 실수하지. 그래서 인간인 거야.
타일러 : 그럼, 아빠의 실수에 대해 말해 줄 수 있어요?

빙고! 그렇게 해서 우리는 내가 저질렀던, 그리고 앞으로도 저지를 많은 실수 이야기 속으로 빠져들었다. 이야기하는 동안 나는 안도하고 있는 타일러의 표정을 읽었다. 우스운 실수에는 깔깔대며 웃었고, 심각한 실수에는 진지해졌다. 사실 수주 동안 나는 일과처럼 내 실수담들을 들려주었다. 매일 밤, 잠자리에 들기 전에 아들은 내게 물었다.
"아빠, 어릴 적에 했던 다른 실수들은 무엇이에요?"
여기서 진짜 멋진 것은, 아빠가 아무리 노력을 해도 실수를 피할 수 없었으며, 완벽함과는 거리가 먼 사람이라는 것을 타일러가 이해하기 시작한 것이었다. 그런데도 아빠는 다시 일어나서 전진한다는 것, 실패가 삶의 일부이기 때문에 그럴 수밖에 없다는 것도 알기 시작했다.
우리는 별로 잘나지 못했기 때문에 절대 이 책의 영웅들처럼 될 수 없다고 생각하기 쉽다. 우리의 실수나 실패 들로부터 커다란, 세상을 뒤흔드는 변화, 성장, 부활을 끌어내지 못한다고 생각하기 쉽다.
비참할 정도로 틀린 생각이다.
아무리 작은 일이라도 우리 가족, 우리 학급, 우리 학교, 혹은 우리

지역사회를 바꾼다면, 우리는 세계를 바꾸고 있는 것이다. 모든 것은 서로 연결되어 있다. 아주 작은 부분에 일어난, 작디작아 보이는 변화도 다른 부분들에 변화를 일으킨다. 큰 연못에 작은 돌멩이 하나를 던지는 상상을 해 보자. 그 행위 자체는 완전히 사소해 보이지만, 잔물결은 표면을 가로질러 연못의 끝까지 닿는다. 작은 변화도 마찬가지다. 실패와 마주했던 또 다른 사람인 아이작 뉴턴은 모든 작용에는 반작용이 따른다는 것을 발견했다. 그리고 반작용 또한 작용이기 때문에, 작용에 대한 모든 반작용에는 또 다른 반작용이 따른다(이것은 금방 잊힐 수가 있지만, 요점은 이해했을 것이다).

여러분과 나는 조앤 롤링이나 찰스 듀튼, 혹은 소니아 소토마요르나 앵 리가 될 수는 없겠지만, 그래도 우리는 여전히 우리다. 우리의 길은 이 책에 수록된 사람들과 크게 다르지 않다. 그들처럼 우리에게도 꿈이 있다. 그들처럼 우리도 실패한다. 그리고 그들처럼 우리도 흙을 툴툴 털고 자리에서 일어나 어쨌든 앞으로 나아갈 것이다.

무엇보다, 내가 아는 성공에 대한 정의는 바로 그것뿐이다.

그리고 누가 알겠는가? 만일 『실패 수업 2』가 나온다면 그 책에 여러분의 이야기가 담길지!

질문들

마음속 불꽃을 일으키고 심장을 뛰게 하는,
실패와 성공 (또한 그 사이의 모든 것)에 관한 100가지 질문

1 성공이란 무엇인가?

2 여러분에게 성공이란 무엇인가?

3 여러분 자신을 위한 성공의 정의와 타인을 위한 성공의 정의는 다른가?
   왜 다르며, 혹은 왜 다르지 않은가?

4 여러분 학교의 사람들은 성공을, 또한 실패를 어떻게 정의하는가?

5 여러분의 가족들은 성공과 실패에 관해 어떻게 이야기하는가?

6 여러분의 사회에서 실패는 수치스러운 일인가? 왜 수치이며, 혹은 왜 수치가 아닌가?

7 모든 사람이 성공할 수 있으려면 꼭 실패를 겪어야 한다고 생각하는가?

8 성공의 맛을 본 후에도 사람들은 실패할 수 있다고 생각하는가?

9 꿈을 좇는 과정에 장애물들이 등장한다면 그것이 무엇을 의미하는가?

10 만일 모든 사람이 항상 첫 번째에 완벽히 성공한다면 세상은 어떤 모습일까?

11 여러분은 타인의 실수나 실패담을 듣기를 좋아하는가?
   왜 좋아하며, 혹은 왜 싫어하는가?

12 한 번도 실패한 적 없는 사람을 생각할 수 있는가?

13 여러분의 부모님은 어떤 실패들을 겪으며 사셨는가?

14 그 실패에 대한 여러분의 부모님 반응은 어땠으며, 달리 반응했어야 한다고
   생각하는가? 왜 그러며, 혹은 왜 그러하지 않는가?

15 여러분이 사랑하는 일에 실패하거나 혹은 관심이 없는 일에 성공하기를 바라는가?
   그렇다면 왜인가?

16 여러분의 성공을 다른 사람들이 알 필요가 있는가? 왜 그런가, 혹은 왜 아닌가?

17 여러분의 실패를 다른 사람들이 알 필요가 있는가? 왜 그런가, 혹은 왜 아닌가?

18 침착함이란 무슨 의미인가? 여러분 주위에 이러한 성격을 가진 사람이 있는가?

19 여러분 자신을 묘사할 때 3개의 형용사를 쓴다면 그것은 무엇인가?

20 여러분의 형제가 여러분을 묘사할 때 3개의 형용사를 쓴다면 그것은 무엇인가?

21 학교에 있는 사람들이 여러분을 묘사할 때 사용해 줬으면 하는 형용사 3개는?

22 여러분의 삶에서 현재 가장 중요한 가치는 무엇인가?

23 여러분의 삶에서 앞으로 가장 중요한 가치이기를 바라는 것은 무엇인가?

24 여러분은 매일 무엇을 하는 데 가장 많은 시간을 들이는가?

25 여러분이 매일 가장 적은 시간을 들이는 것은 무엇인가?

26 여러분이 가장 존경하는 사람(현존하는 사람이든 고인이든)은 누구인가?

27 만일 여러분이 다른 사람이 되어 1주일을 살 수 있다면
    누구의 삶을 선택할 것인가? 그 이유는?

28 다양한 종류의 성공을 경험할 수 있다면 여러분은 무엇을 선택할 것인가? 그 이유는?

29 여러분이 한 분야에서 커다란 실패를 경험해야만 한다면 어떤 분야로 할 것인가?
    그 이유는?

30 여러분이 성공과 행복 중의 하나를 선택해야 한다면 무엇을 선택할 것인가?

31 성공이 항상 기쁨을 동반하는가? 왜 그러며, 혹은 왜 그렇지 않은가?

32 실패가 항상 마음을 아프게 하는가? 왜 그러며, 혹은 왜 그렇지 않은가?

33 패배가 승리의 다른 형태가 될 수 있는가? 어떻게?

34 승리가 패배의 다른 형태가 될 수 있는가? 어떻게?

35 만일 여러분이 성공의 정의를 바꿀 수 있고, 사람들이 모두
그 정의에 따라야 한다면 그 정의의 내용은 무엇인가?

36 만일 여러분이 대부분 사람의 성공과 실패의 비율을 평균적으로 계산할 수 있다면
각각 몇 퍼센트를 차지할 것이며, 그렇게 생각하는 이유는?

37 여러분과 친한 사람들에게 그들이 실패한 시기에 관해 물어보라. 그들의 대답이
여러분을 놀라게 하는가? 왜 그러며, 혹은 왜 그렇지 아니한가?

38 여러분의 학교에서 받아 줄 수 있는 실패는 어떤 종류인가? 그 이유는?

39 여러분의 학교에서 받아 줄 수 없는 실패는 어떤 종류인가?
여러분은 그것을 어떻게 아는가?

40 어떤 성공의 맛이 가장 달콤하다고 생각하는가? 혹은 별다른 맛이 없는 성공은?

41 20년 뒤의 미래를 생각해 보라. 그때 여러분에겐 무엇이 성공일 것인가?
또한 50년 뒤에는 어떠할 것인가?

42 여러분의 미래를 생각할 때 무엇을 희망하고, 무엇이 두려운가?

43 안 좋은 성적표를 받으면 느낌이 어떤가? 높은 성적을 받으면 느낌이 어떤가?

44 만일 여러분이 학교의 성적을 모두 없앨 수 있다면, 없애겠는가?
왜 그러며, 혹은 왜 그렇지 아니한가?

45 여러분 삶에서 가장 큰 지지를 받는다고 느낄 때는 언제인가?

46 여러분은 언제 가장 심하게 낙인이 찍히고 비난을 받는다고 느끼는가?

47 만일 여러분이 초등학교 1학년의 자신으로 돌아갈 수 있다면
그 아이에게 무슨 말을 해주고 싶은가?

48 만일 여러분이 쉰 살의 자신으로 미리 갈 수 있다면
    그 사람에게 무슨 말을 해주고 싶은가?

49 여러분에게 열심히 일하는 것, 혹은 열심히 공부하는 것은 무슨 의미인가?

50 일/공부가 재미있을 수도, 괴로울 수도 있는가? 왜 그러하며, 혹은 왜 그렇지 아니한가?

51 여러분이 가장 좋아하는 영화 3편을 골라보라. 그 영화들을 왜 그리 좋아하는가?

52 여러분이 가장 좋아하는 책 3권을 골라보라. 그 책들을 왜 그리 좋아하는가?

53 만일 여러분이 영화나 책 속의 등장인물이 될 수 있다면 누가 되고 싶은가? 그 이유는?

54 만일 지금 당장 여러분에게 성공이 허락된다면 무엇을 선택할 것인가? 그 이유는?

55 만일 여러분의 희망과 꿈이 지금 당장 현실로 이루어지는 것이 보장된다면
    바로 실행하겠는가? 왜 그러하며, 혹은 왜 그렇지 아니한가?

56 여러분의 삶에서 저지른 모든 실수를 지울 수 있다면 지우겠는가?
    왜 그러하며, 혹은 왜 그렇지 아니한가?

57 초등학교 3학년 교실에서 실패와 성공에 관해 말해야 한다면,
    여러분은 무슨 말을 하겠는가?

58 만일 여러분이 크고 어려운 성공을 거둔 사람의 이야기를 영화로 만들었다면,
    그것은 누구의 어떤 이야기를 담은 영화이겠는가?

59 만일 여러분이 지금까지의 삶을 음반으로 만들 수 있다면,
    어떤 노래들이 그 음반에 수록될 것인가? 그 이유는?

60 만일 여러분이 어제를 반복해서 살 수 있다면 무엇을 달리하겠으며, 무엇을 똑같이
    하겠는가?

61 만일 여러분에게 남은 생애 동안 하루를 두 번씩 살 기회가 온다면, 그 제안을 받아
    들이겠는가? 왜 그러하며, 혹은 왜 그렇지 아니한가?

62 친구가 꼭 이루고 싶은 것을 이루는 데 실패한다면, 여러분은 무슨 말을 해 줄 것인가?

63 여러분이 꼭 이루고 싶은 것을 이루는 데 실패했을 때,
여러분의 좋은 친구가 무슨 얘기를 해 주기를 바라는가?

64 여러분은 자신의 실패들을 감추고 싶은가? 왜 그러하며, 혹은 왜 그렇지 아니한가?

65 누군가를 자랑스럽게 여긴다는 것은 무슨 의미인가?

66 여러분 자신을 자랑스럽게 여긴다는 것은 무슨 의미인가?

67 여러분은 결정을 쉽게 내리는가, 아니면 무엇을 선택할지 결정하는 걸
힘들어하는가? 여러분의 결정 내리기가 그러한 이유는?

68 여러분은 누구에게 조언을 구하며, 그 이유는?

69 만일 여러분이 이 책에 나온 사람을 만나 삶의 가장 큰 도전에 관해
대화할 수 있다면 여러분은 누구를 선택할 것이며, 그 이유는?

70 만일 여러분이 이 책에 나온 사람을 향후 5년간 여러분의 멘토로 삼을 수 있다면
누구를 선택할 것인가? 그 이유는?

71 여러분은 이 책의 누구와 가장 닮은 점이 많다고 생각하는가? 그 이유는?

72 여러분은 이 책의 누구와 가장 닮은 점이 적다고 생각하는가? 그 이유는?

73 여러분은 사람들이 성공보다 실패를 더 많이 한다고 생각하는가, 아니면 그 반대라
고 생각하는가? 여러분은 왜 그렇게 생각하는가?

74 만일 큰 장애물을 넘기 위해 고전하고 있는 사람에게 여러분이
3가지 조언을 해야만 한다면 무슨 말을 할 것인가?

75 만일 이제 막 성공한 사람에게 여러분이 3가지 조언을 해야만 한다면
무슨 말을 할 것인가?

76 제일 친한 친구에게서 여러분이 보고 싶은 3가지의 가치는 무엇인가?
    그 가치들을 여러분도 갖고 있는가?

77 지도자가 갖춰야 할 가장 중요한 특징은 무엇이라 생각하는가? 그 이유는?

78 여러분은 너무 과한 성공이 문제를 일으킬 수 있다고 생각하는가?
    왜 그러하며, 혹은 왜 그렇지 아니한가?

79 어떤 종류의 성공이 가장 유익하다고 생각하는가? 그 이유는?

80 어떤 종류의 성공이 가장 위험하다고 생각하는가? 그 이유는?

81 어떤 종류의 실패가 가장 유익하다고 생각하는가? 그 이유는?

82 어떤 종류의 실패가 가장 위험하다고 생각하는가? 그 이유는?

83 만일 여러분이 자신의 학교를 세울 수 있다면 어떤 학교를 세우겠는가?

84 만일 여러분이 회사의 사장이라면 어떤 회사로 만들겠는가?

85 만일 단 하나의 업적으로 명성을 얻는다면 그 업적은 무엇일까? 그 이유는?

86 만일 여러분의 실패에 대해 친구들이 모두 알아야 한다면
    그들에게 어떤 실패를 알려 주겠는가? 그 이유는?

87 만일 여러분이 특수한 과목이나 분야에 대해 놀랄 만한 지식을 가질 수 있다면,
    어떤 과목이나 분야를 선택하겠는가? 그 선택의 이유는?

88 실패에 대처하는 가장 좋은 방법은 무엇인가?

89 만일 여러분이 슈퍼 히어로가 될 수 있다면 여러분은 어느 영웅을 선택하겠는가?
    그 이유는?

90 만일 슈퍼 히어로가 여러분의 친구가 될 수 있다면
    여러분은 어느 영웅을 선택하겠는가? 그 이유는?

91 만일 여러분이 자신에게 능력을 추가할 수 있다면, 어떤 능력을 추가할 것이며, 그 이유는?

92 만일 여러분이 자신의 약점 중 하나를 없앨 수 있다면, 무엇을 없앨 것이며, 그 이유는?

93 지금으로부터 10년 뒤에 여러분은 어떤 모습이면 좋겠는가?

94 만일 여러분이 삶의 가장 큰 목표 3가지를 이룰 수 있도록 보장받는다면, 그 3가지는 무엇인가? 왜 그것들이 중요한가?

95 만일 여러분이 어떤 질문이든 할 수 있고 답도 분명히 받을 수 있다면 여러분은 무엇을 물어보겠는가? 그리고 특히 그것을 알고 싶은 이유는 무엇인가?

96 여러분은 다른 사람들이 여러분에 관해 어떤 점을 알아보고 이해했으면 좋겠는가?

97 만일 여러분이 다른 사람은 절대 알 수 없는 비밀 능력을 갖출 수 있다면 그것이 무엇이기를 바라는가? 그리고 그 능력이 특별한 이유는?

98 다음 문장을 완성하시오.
삶에서 가장 중요한 것은＿＿＿＿＿＿＿＿＿＿＿＿＿＿＿＿＿＿이다.

99 다음 문장을 완성하시오.
삶에서 가장 어려운 것은＿＿＿＿＿＿＿＿＿＿＿＿＿＿＿＿＿이다.

100 다음 문장을 완성하시오.
다른 무엇보다 나의 가장 큰 희망은＿＿＿＿＿＿＿＿＿＿＿＿＿이다.

감사의 말

실패에 관한 책이 맞닥뜨린 기묘한 모순이 있다.

그 모순은 이 책이 감당할 몫이다.

작가라면 알겠지만, 책이 출판되기까지의 여정은 절대 일정대로 순탄하게 진행되지 않는다. 모든 책에는 자신의 집을 찾아가는 여정이 있는데, 때로는 그게 몇 년이 걸리기도 한다(실제로 이 책에 등장하는 작가 중 일부는 너무 오래 걸려 너덜너덜해진 길을 걸었다!). 그리고 우여곡절 끝에 세상에 나온 책에는 고마움을 전해야 할 사람들이 마을을 이룰 만큼 많다. 이 책의 경우 그 마을은 헌신적이고 따뜻하며, 끝없는 격려를 보내주었다.

나의 대리인인 에린 머피 문학대행사의 애미 존에게: 이 기획에 흔들림 없는 지지를 보내준 여러분에게 고마움을 표한다. 아이디어, 기획, 가능성, 그리고 꿈을 꾸게 해 준 여러분에게 감사할 이유는 수도 없이 많다. 그중에 가장 감사한 것은, 내가 이 책의 기획 의도를 보냈을 때 여러분은 곧바로 내게 지지의 응답을 해 준 것이다(화이팅!). 모든 과정에서 방향을 잡아주었고 나와 책에 대한 믿음을 잃지 않았다. 또한 끊임없는 지지와 도움, 그리고 문학과 삶에서 생기 넘치는 유머를 보여 준 에린 머피 문학대행사의 록스타와 같은 존재인 에린 머피와 데니스 스티븐스에게 큰 갈채를 보낸다.

'비욘드 워즈 출판사'의 편집자인 린지 이스터브룩스 브라운에게: 또

하나의 책을 함께 만드는 진정한 기쁨을 준 것에 대해 감사하다! 여러분이 이 책의 방향을 잡아주어 내가 애초에 계획했던 것보다 더 다양한 인물들을 탐구하고 묘사하도록 도와주어서 매우 고맙다. 여러분의 관점과 지지 덕에 이 책이 나올 수 있어서 기쁘다.

내 담당 편집자인 젠 위버 니스트에게: 쉴 새 없이 나와 메일을 주고받으면서 수정할 방향을 안내해 주고 희망을 준 것에 고마움을 표한다. 이번 수정을 하는 과정에서 어러분은 산과 굽이를 넘어 양 떼를 안내하듯 내 원고를 능숙하게 다루어주었다. 아이디어를 포착해내는 창의적이고 신선한 능력의 원천인 여러분의 유머 감각에 경의를 표한다. 또한 출판사에 헌신하고 창의성을 함께 나눈 그 열정은 크나큰 도움이 되었기에 깊이 감사한다.

출판사의 팀원들인 에말리사 스패로두 우드, 크리스틴 틸, 코린 캘러스키, 타라 레만, 루스 후크, 데본 스미스, 그리고 빌 브런슨에게: 여러분이 보여 준 열정과 에너지에 이 책을 대신해 고마움을 표한다!

내 인생의 세 분의 중요한 멘토분들에게: 5학년 때 담임이셨던 로버트 루니 선생님은 내게 학교는 즐거우면서도 정의로운 곳이어야 한다는 걸 보여 주셨다. 내 감독교사였던 존 로빈슨 선생님은 교실에서뿐 아니라 글을 통해서 희망의 정의를 가르쳐 주셨다. 그리고 내 동료 교사인 마이크 던 선생님은 새로 부임한 나를 친절하게 돌봐 주셨고 웃음이 떠나지 않도록 도와주셨다.

어머니, 아버지, 그리고 멋진 가족들에게: 해리, 캐시, 크리스, 맷. 야망과 삶의 진정성 모두 흥겹게 갈망했던 여러분에게 감사하다. 또한 맨디, 칼렙, 에반, 모건, 수, 웬델, 폴, 다이애나, 데이빗, 위트니, 미카, 그리고 엠마에게도 고마움을 전한다.

친절하고 협조적인 분위기에서 내게 많은 가르침을 준 엔디콧 대학 교육학과의 동료 교수들, 또한 나 자신도 성장과 배움을 즐겼던 공립학교의 동료 교사들 모두에게 감사를 전한다.

내 아들 타일러, 벤자민, 그리고 조슈아에게: 살면서 겪는 실수나 실패가 결코 마지막 선고가 아님을 깨닫기 바라며, 이 책을 너희 셋에게 바친다. 우리가 배움을 얻기만 한다면 그 실수와 실패는 즉시 가치를 갖게 된단다. 내가 아무리 부족한 아빠이지만 이렇게 노력하며 사는 사람이란 걸 이해하길 바란다. 하지만 내가 너희들에게 가장 바라는 것은 이기심을 부추기는 이 세상에서도 겁내지 말고 부드러운 마음의 소유자들이 되는 것이다. 강해지기 위해 기고만장하거나, 목소리가 크거나, 거칠어질 필요는 없다. 진정한 강함은 자신을 과시하지 않고, 오히려 조용하단다. 진정한 강함은 부드럽단다. 진정한 강함은 타인을 보호하고, 타인을 사랑하며, 타인의 목소리에 귀를 기울인

단다. 냉혹하고 이기적인 세상에서 철저하게 따뜻하고 부드러운 사람들이기를 기원한다. 너희 모두 마음 깊이 사랑한다. 그리고 나는 이 책에 쓴 대로 살려고 노력하련다.

내 아내 제니퍼 레이놀즈에게: 내 영혼의 짝이자 최고의 친구가 되어 줘고마워. 차 한 잔을 마시며 이 책에 나오는 사람들에 관해 당신과 밤늦도록 나눈 대화는 더할 나위 없이 아름다웠어. 나는 책을 쓴다고 생각했지만 우리가 이야기를 I 나누고 우리의 삶과 육아의 방식을 다시 생각하게 되었을 때, 나는 이 기획이 단순히 책이 아니라 삶의 방식의 문제여야 한다는 걸 깨달았어. 우리 자신보다는 더 큰 목적을 위해, 그리고 편함보다는 올바름을 최우선 순위에 놓고 함께 살아온 당신에게 고마워. 두려움을 이기고 꿈을 꾸도록, 또한 전혀 가능성이 없어 보일 때에도 변화를 만들어 내도록 격려해 줘서 고마워. 내 모든 것은 당신 덕분이야. 그리고 세상에 구제 불능이란 없다는 걸 깨닫게 해 줘서 고마워.

십 대를 위한 실패 수업
: 사회·정치·스포츠 편

1판 1쇄 찍은날 2019년 7월 5일
1판 3쇄 펴낸날 2020년 8월 5일

지은이 │ 루크 레이놀즈
옮긴이 │ 정화진
펴낸이 │ 정종호
펴낸곳 │ 청어람e

책임편집 │ 김상기
마케팅 │ 황효선
제작관리 │ 정수진
인쇄·제본 │ (주)에스제이피앤비

등록 │ 1998년 12월 8일 제22-1469호
주소 │ 03908 서울 마포구 월드컵북로 375, 402호
이메일 │ chungaram_e@naver.com
블로그 │ www.chungarammedia.com
전화 │ 02-3143-4006~8
팩스 │ 02-3143-4003

ISBN 979-11-5871-108-5 43000
잘못된 책은 구입하신 서점에서 바꾸어 드립니다.
값은 뒤표지에 있습니다.

이 도서의 국립중앙도서관 출판시도서목록(CIP)은 e-CIP 홈페이지(http://www.nl.go.kr/ecip)와
국가자료공동목록시스템(http://www.nl.go.kr/kolisnet)에서 이용하실 수 있습니다.
(CIP제어번호 : CIP2019025955)

청어람 e)) 는 미래세대와 함께하는 출판과 교육을 전문으로 하는 **청어람미디어**의 브랜드입니다.
어린이, 청소년 그리고 청년들이 현재를 돌보고 미래를 준비할 수 있도록 즐겁게 기획하고 실천합니다.

품명: 청소년 도서 │ 사용연령: 10세 이상 │ 제조국명: 대한민국 │ 제조년월: 2020년 8월
제조자명: 청어람미디어 │ 주소: 03908 서울 마포구 월드컵북로 375, 402호
전화번호: 02-3143-4006
종이에 베이거나 긁히지 않도록 조심하세요. 책 모서리가 날카로우니 던지거나 떨어뜨리지 마세요.

KC마크는 이 제품이 공통안전기준에 적합하였음을 의미합니다.